「切り札」山下泰裕は日本柔道界を変革できるか

木村 秀和

本の泉社

はじめに

新型コロナの感染爆発がいわれ、中止を求める世論を押しきって開催された東京オリンピックで、日本柔道は個人で史上最多となる金メダル九個を獲得したほか、銀メダル一個と銅メダル一個、混合団体の銀メダルを合わせて一二個のメダルを獲得した。本番に備えて二〇二一年初頭からWマスターズ、GDS（グランドスラム）タシケント、GDSアンタラヤ、五月のGDSカザンなどの大会に選手を派遣し、強化と試合勘の保持に備えてきたことから、好成績はある程度予想されていたが、選手の健闘には拍手を送りたい。

もっとも、日本選手たちは選手村には入らずに独自に宿泊、練習場を確保してオリンピックに臨んでおり、コロナ感染で練習相手もままならなかった外国選手たちとの条件の差は歴然としていた。手放しで賞賛することはできない。ただ、日本の柔道を記者として三〇年ちかく見つめてきた者として、これが柔道に親しむ人のひろがりに繋がって欲しいとは切に思う。

というのも、私は心配なのである。日本の柔道人口が年々減少し、ついに一〇万人台、しかもそれを割ろうかというまでになってしまっていること、「最後の切り札」として全柔連（全日本柔道連盟）会長に就任した山下泰裕氏のもとでも一向に暴力事件が減らないこと、それどころか、評議員会から記者を閉め出したり、暴力やパワハラ、セクハラ事案の処分もなるべく公表を避けるよう基準を変更したり、事案の対処をごく少数者間で決め理事会へは事後報告ですまそうとしたり……など、改革に背を向けた姿勢が目立つ。いったいどうなってしまったのか。

山下はＪＯＣ（日本オリンピック委員会）の会長も兼ねているが、就任したとたん、理事会を非公開にし、森喜朗（東京五輪・パラリンピック組織委員会会長――当時、以後とくに断らない限り役職はすべて当時のもの）が女性蔑視発言をおこなった時も、その場にいて何らの対応もしなかった。オリンピック・パラリンピックをコロナ禍で一年延期とした時も、ＩＯＣのＴ・バッハ（会長、ドイツ）と話して決めたのは安倍晋三（首相）だった。官邸で協議したのは、安倍、森、小池百合子（東京都知事）、菅義偉（内閣官房長官）、橋本聖子（東京オリンピック・パラリンピック担当大臣）の五人だった。肝心のＪＯＣ会長の山下は外されたが、それについて憤ることもなかった。

私の脳裏には、一九八〇年のモスクワオリンピックをあからさまな政治の介入でボイコットが決められたとき、涙ながらにこれに断然、抗議した山下の姿がある。しかし、オリンピック・パラリンピックの延期を政治家たちだけで決めたときに、山下はＪＯＣのトップでありながら、ひと言の抗議もしなかった。

これでいいのか、山下よいったいどうしたのだ……私は悶々とした。

本書はそのような思いもあり、執筆を思い立ったものである。（敬称略）

目　次

【I】変わっていく山下泰裕

清新の気

山下泰裕は一九九二年秋、三五歳の若さで全日本男子監督になった。当時、私は講道館の大道場で合宿中の山下に尋ねた。「大変な時期に監督になりましたね」

直前のバルセロナ五輪では七一キログラム級の古賀稔彦（故人、日体大助手）と弟分の吉田秀彦選手（新日鐵）が金メダルを獲得したが、その前の一九八八年ソウル五輪は金メダル一個。女子公開競技の六三キログラム級で佐々木光が金メダルを獲得した程度だった。山下が監督になった当時は日本がダントツに強い時代ではなくなっていた。

私の質問に「木村さん、僕はそうは思っていない。いやいや引き受けたのではなく、自らの意志で監督になったんです。いま自分は三五歳。若く、やる気も体力もある。そうした時期に大役を担えるなんて、柔道人としてはありがたいチャンスだと思っているんですよ」と山下は答えた。

その潔さと若々しい決意に、私は大きな可能性と共感を覚えた。一九八〇年のモスクワ五輪ボイコットで泣き、苦労をしただけあって精神的にも成長したんだなと好意的に受け止め、心のなかでエールを贈った。

その後、山下は柔道界で要職を経て二〇一七年六月の全柔連臨時理事会、評議員会の選任を得て会長に就任した。

多くの柔道ファンや国民には、他人の話をにこにこと聞いて理想を語る山下は柔道界を引っ張っていく理想的な人物に映った。だが、昨今の山下と三五歳で監督になった当時の山下とではどうも違った人物になってしまったような気がする。

全柔連会長のほか、東海大学副学長、ＩＪＦ（国際柔道連盟）指名理事、ＪＯＣ（日本オリンピック委員会）会長など、山下は大きな組織のトップを兼ねているが、そうしたなかで、考え方や行動規範が組織や運動の改革ではなく保守、それも従来態様を頑迷固陋に維持しようという不穏な保守になっているように思える。あの清新な意欲はどこへいったのか。山下の現在に至る行動や発する言葉を追いながら、その〝変化〟を検証してみたい。

これは単に一個人の歩

柔道のメッカ――講道館の建物
（撮影：木村秀和）

み来しということではなく、そこには日本柔道が宿痾のように抱える問題が見えるからである。山下の実績と清新を以てしても変えるに力及ばず、巻き込まれる日本柔道とは何なのか。それを考えてみたいのである。最大の問題は、「指導」と称した暴力行為の野放しである。日本柔道が暴力を追放できないのはなぜか。なくすために何が必要か。それを求めての検証でもある。

全柔連評議員会から報道陣の締め出し

二〇一四年三月二七日、全柔連は第五回評議員会を開いた。会場は「ホテル・グランドアーク半蔵門」。ここは警視庁ご用達のホテル。私は元大阪府警本部長のキャリアで、当時、全柔連専務理事だった近石康宏のつてで、従来、講道館二階の教室で開いていた会議場所を変更したのだと思った。

全日本女子チーム監督の暴力事件や国からの助成金不正利用とその返却で、全柔連は二〇一二年から翌一三年にかけて社会的な批判を浴び大揺れに揺れていた。財政は厳しいはずだった。講道館の教室でやればそう金がかかるわけではないのに、わざわざホテルでやる必要はないじゃないかとそのとき感じた。

だが、待っていたのはそんなことよりももっと深刻だった。報道陣の会議室入室拒否だった。当たり前のように会場に入ろうとしたとき、入り口で係からいきなり「報道陣の入場はできません。会議は非公開です」といわれた。

講道館の教室で開かれていた当時は、会議がどんなに荒れても報道陣は教室の後ろですべてそれらを見聞きして取材できた。評議員会の進行を見ながら記事が書けた。それだけに、いきなり、何の連絡もなく傍聴の締め出し。これには驚いたし、それ以上に怒りが生じた。

会議終了後、私や「朝日」の竹園隆浩、「しんぶん赤旗」の和泉民郎記者らが近石専務理事に抗議したが、何で締め出すのか理由は分からなかった。結局、議案書が手渡されただけだった。それも私と竹園記者が請求して。記事は議案書のなかから紹介できる箇所だけつまんで書いた。

それから一週間後の四月五日、福岡で選抜体重別大会が開かれた。試合が始まる前、私は記者席で山下に呼ばれた。

「木村さんちょっと」

「何でしょうか」

「評議員会の報道陣締め出しの件だが、実はあれは私がやったんだ。評議員の中には後ろに報道陣がいると意見が言いづらいという人がいるので、評議員が忌憚なく話せるように報道陣はいないほうがいいと判断したんだ」

この言葉を聞いて私はびっくりした。そんなことをやる人物とは思いもよらなかったからだ。というのも、山下は監督時代や強化委員長時代には何回か報道陣との懇親会を開き、記者らと親しく話した過去があったからだ。

「山下さんそれは違いますよ。後ろに報道陣がいたら話ができないという評議員なら資格はないですよ」

「そうはいっても木村さんみたいな人ばかりではない。元々柔道人は口下手だし……。いずれにせよこの問題はこれからよく考えることにしましょう」

試合が始まる直前だったので、話はそこで終わってしまった。山下泰裕のイメージが私のなかで大きく崩れた最初の出来事だった。

二ヵ月後の六月四日、講道館の記者室で私と「朝日」、「スポーツ報知」、「NHK」の記者らが近石と話し合いを持った。これは近石の要請だった。「記者締め出しについての善後策を話し合いたい」といわれた。

近石は「会議室に入場はできないが、これからは別室で音声を流すことで何とか容認してほしい」と話しかけてきた。私はあくまで入場が筋といったが、他の記者が「まあ、それなら」と妥協したので六月に開かれる評議員会からは「音声別室取材」が実施されることになった。

二〇一四年六月三〇日、第一回評議員会が初めての別室音声の取材だった。評議員が意見をいうときは名前をいうし、誰だかは長年の記者生活でほとんど分かった。臨場感はなかったが取材に困ることはなかった。

この件は山下の隠ぺい体質が全柔連のなかで最初に表に出て来た動きだった。山下について考え直した最初の出来事でもあった。

強化委員会は報道陣に公開

評議員会を非公開にした山下強化委員長は二〇一五年四月の選抜体重別後の強化委員会を報道陣に公開した。いまでもこれは続いている。委員たちは報道陣がいても活発に意見交換している。後ろに報道陣がいるとしゃべれないという強化委員はいない。

評議員会は非公開、強化委員会は公開。山下のやり方はちぐはぐだった。

評議員会は、理事会で決まった案件を承認するか否かの役割が主で、問題がなければ「しゃんしゃん」で終わる。歴史的にはこれがほとんどだった。一方、強化委員会は世界大会やオリンピックに出場する代表選手を選ぶ場で、委員からは微妙な意見も出る。選手が所属している企業や大学から強化委員になっている人もいる。選手の実績にあまり差がないと、侃々諤々になるケースもある。だが、その強化委員会は報道陣に公開だ。

勝手な想像は避けないといけないが、おそらくこういうことだろう。

評議員会は山下より年配者が多く、地方の有力者、ボスも集まっている。タテ社会の権化のような日本柔道界では、そこはいわば目上。気を配らなければならない。他方、強化委員会は全員目下で、自分の方針も通しやすい。評議員の何人が後ろを気にしたのか分からないが、山下は目上の先輩たちのだらしない姿は見られたくなかったのかもしれない。その結果が非公開になり、自由に振る舞える強化委員会は公開ということになったのなら、何ともわびしい話ではある。

評議員は長年柔道を修行した人物だ。修行は人格形成に関与するというのが嘉納治五郎師範の教えであり、高段者になればなるほど己を完成し世を補益する人物になれるはず。「後ろに報道陣がいたら意見を言いづらい」などと甘えたことをいう評議員がいたら、「何いっているんだ。記者がいてもいなくても自分の意見くらいいえないでどうする」くらいのことはいってほしいものである。だが、いま思うと本当に「後ろに報道陣云々」といった評議員がいたのかどうかは疑わしい。なぜなら、その後の山下には、報道陣締め出し、会議は非公開が常套手段のようになっているからだ。山下の体質ではないかと疑いを持つ。

二〇一三年は全日本女子監督の暴力や国の助成金不正利用などで、評議員会は大荒れに荒れた。上村春樹・全柔連会長の責任やその去就をめぐって、評議員たちは二手に分かれて大声でやりあうシーンもあった。長年の修行で人格高潔になった評議員とは思えない罵倒合戦だった。報道陣締め出しはこうした内部事情を見られたくないと思う山下の判断だったのかもしれない。

ＪＯＣ理事会も報道陣を締め出し非公開に

山下は二〇一九年六月二七日にＪＯＣ（日本オリンピック委員会）会長に選ばれた。だが、就任直後の八月の臨時理事会で理事会を「非公開にする」と言い出した。理由は全柔連評議員会と同じ。「非公開のほうが活発な意見が出るから」だった。

「マスコミの前で話せないことも多く、そうした情報を共有して会議をやりたい」と理由を語っているが、オリンピックに関連した話の内容をなぜ隠す必要があるのか全く分からない。時代錯誤だし非民主的である。ＪＯＣの活動費は国民の税金。マスコミの前で話せないことがあるなら、それこそ怪しい話になる。山下自身はＪＯＣ理事だった二〇一八年一二月二〇日の「スポーツ議連フォーラム」で、「私たちの活動は国民の血税だと意識してほしい」と発言している。

山下の報道陣締め出しにはＪＯＣ記者クラブが抗議文を出し改善要求をおこなっているが、撤回する話は出ていない。

八月の臨時理事会の直後、「毎日新聞」は社説で、「理事会の公開を定めた法律はないが、スポーツのありようを議論する場を非公開にする必要はなかろう」（八月一七日）と断じている。

非公開に反対したのは山口香（柔道）、高橋尚子（陸上競技）、小谷実可子（アーティスティック・スイミング）、山崎浩子（新体操）の女子理事四人だけだった。

隠ぺい第三弾！

二〇二〇年二月一二日、全柔連理事会は柔道界のあらゆる懲戒処分の公表基準（二・一二懲戒・処分公表基準）を決議したが、これがとんでもない代物だった。パワハラ、セクハラなどの不祥事でも中身はほとんど公表しないというルールだ。この日は二人の男子指導者のわいせつ行為による懲戒（除名）処分が発表された。二人は事実関係を認めているといいながら、どこの誰なのか、教員なのか町道場の指導者なのか、分からなかった。

「二・一二懲戒・処分公表基準」には、今後すべての処分は、全柔連のホームページにアップし、処分対象が全柔連の役員か責任ある立場の指導者の場合でも、除名などの重い処分のとき以外は記者会見や資料配布はおこなわない。公表する場合でも、「必要性を判断、名誉に配慮し、被害者保護などの諸般の事情を考慮して控える場合がある。未成年の処分は一切公表しない」、発表する場合も匿名にする、などという但し書きがある。

要するに、できるだけ隠す、というのである。

「名誉に配慮」は理屈として分からぬでもないが、柔道人として重大な事件を起こした人物に対して「配慮」はないだろう。柔道界そのものがイメージダウンさせられた場合でも、当の人物が評議員とか理事などの場合は公表を控えることもあるというのがこの公表基準だ。そうなると、オリンピックの金メダリスト内柴正人の大学の教え子に対する準強姦罪も、今後は金メダリストの名誉に「配慮」して全柔連としては公表しない、となりかねない。こうなると、「山下隠ぺい体質」とでも呼びたくなる身内第一、閉鎖世界の構築である。

柔道の高段者はいつも「先生」と呼ばれ一般的には人格高潔と思われている。そう思っている柔道人は多い。そうであるなら、重大な違反を犯したなら社会的責任をとるのは当然である。

何よりも問題なのは、全柔連がかつての閉鎖的な体質に後戻りした感があることだ。

二〇一三年の全日本女子監督やコーチの選手への暴力、ハラスメント事件、助成金不正利用問題が明るみに出て、外部から招かれて会長になった宗岡正二（新日鐵住金代表取締役）は、新会長あいさつで「闊達で開かれた全柔連に生まれ変わる」と決意を述べた。だが、「二・一二懲戒・処分公表基準」は真逆の感がある。

宗岡前会長が手がけた「闊達で開かれた全柔連」への貯金は、山下が会長になってから目減りしている。身内に甘い過保護体質がいまだんだんと表面化している。

前事務局長のパワハラ退職も隠ぺいか？

全柔連の前事務局長Y・Yが職員に対してパワハラを繰り返していた疑惑が、「産経」（二〇二一年二月二六日付）にスクープされた。「産経」は、山下が全柔連コンプライアンス委員会が作成した報告書を二〇二〇年一一月に受け取り、パワハラの事実を把握していながら究明せず、Y・Yが二一年一月に一身上の都合で退職したときも公表しなかったと報じた。

山下は、講道館新館二階教室で緊急の記者会見を開いた。山下は、前事務局長はパワハラ疑惑を受け退職したが、その後は音信不通で全柔連も連絡がとれない状態にある、とのべた。事件を公にしなかったのは、「当事者に弁明の機会を与えることを逸したために処分ができなかったから」だという。

全柔連の倫理・懲戒規程には「処分の対象になった者に対しては弁明の機会を与えなければならない」という一項がある。「機会を逸した」のは事実だろうが、そもそも、一一月から一月のあいだに、Y・Yを「処分対象」にしていなければそれにはあてはまらず、「事務局内のことであり、理事会に諮ったり、公表する事案ではないと正副会長の協議の中で判断したから」という対処が妥当だったかどうかが問われる。副会長といっても二人は柔道界外からの推薦で選ばれた人物であり、山下に率直な意見を言えるほどではない。全柔連の正式な機関でもない。全柔連の事務局長という組織の要の人事であることを考えると、やはり理事会にはかるべきであったろう。

山下は「必要と感じたら理事会にかける」と釈明したが、「必要と感じ」ない体質が問題だといわなければならない。新事務局長が赴任しても、前事務局長がなぜ辞めたのか、経緯をいっさい知らされない事務局員は、どういう気持ちで日々の事務を執るのだろう。陰湿な空気を感じないだろうか。それは、ただ事務局だけでなく、全柔連そのものを覆う空気でもある。

円卓会議と山下の姿勢

二〇一九年一月七日、講道館地下のレストラン「じぇびあん」で、全柔連強化委員会幹部と柔道担当記者の懇親会が開かれた。全柔連からは山下と中里壮也専務理事が出席した。記者は新聞、テレビ、雑誌の柔道担当が約五〇人集まった。

そのころ新聞のスポーツ欄をにぎわしていたのは、不祥事に対してアマ競技団体を国と競技団体が半々で関与、統治する、いわゆる円卓会議の設立だった。私は「なぜ山下会長はこれを認めているのか」と質問した。

二〇一八年から一九年にかけて体操協会、水泳連盟、レスリング協会、大学柔道部などで監督やコーチの暴力指導、パワハラなどが多発していた。それをうけて文部科学省の外局であるスポーツ庁（鈴木大地長官）が暴力・パワハラ防止策を一八年一二月にまとめた。中心は、日本スポーツ協会とＪＯＣ、スポーツ庁などが「スポーツ政策に関する円卓会議」を設立し、国と民間の競技団体が半々で競技団体を監督、統治しようというものだった。

重大なことは、円卓会議に不祥事を起こした競技団体に改善命令を出す権限を持たせ、ときの政府がこの円卓会議を通じて競技団体のあり方に関与できる仕組みをつくろうとしていたことだった。円卓会議で決議された場合、助成金のストップなど競技団体にとっては死活に関わる重大なことになりかねないことだった。円卓会議のメンバーにはＪＯＣ、日本スポーツ協会などの民間団体と、スポーツ庁、文部科学省所管の日本スポーツ振興センターが名を連ねていた。鈴木長官は二〇一八年一二月二〇日の記者会見で、「国の関与はバランスをとりながらいきたい。競技団体の自立性に配慮はするが、にらみも聞かせる」と、およそ民間出身者とは思えない上から目線の発言をしていた。

懇親会で私は、

「山下さんはモスクワ五輪ボイコットのときに怒り、絶望感で泣いた。あのときに嫌っというほど国家権力の横暴も知ったはずじゃないですか。あのボイコット以来、日体協（現日本スポーツ連盟）、ＪＯＣなどはスポーツの自治を標榜して活動してきた。だが、今回、国がおおっぴらに民間の競技団体に口出しできる仕組みがつくられてしまった。全柔連は二〇一三年のごたごた以来、改革・改善をモットーにして一定の成果も収めてきた。それを各競技団体がロールモデルにして取り組めば、何も国が乗り出さずとも競技団体独自で組織運営できるのではないか。山下さんはどう考えているのですか」

と問いかけた。

この質問に山下は、

「木村さん、その話は微妙な問題を含んでいる。そういう質問は差しのときにしてほしい。

いまの私の立場であれこれ発言すると影響も大きい」

と言葉を濁した。

山下は、かつてモスクワ五輪ボイコットを振り返って、

「私の目には日本政府がアメリカの圧力に屈しているように見えて仕方がありませんでした。日本は自らの意思によって態度を決めるのが本来の在り方だったではなかったでしょうか」（「赤旗」一九九八年六月一四日）

と述べていた。

懇親会の席での答えは、これを忘れたようなものだった。あのときの悔しさ、憤りはもう恩讐の彼方になってしまったのか。ロス五輪で金メダルを獲得したことで一区切りつけたのか、と私はそのとき思った。

円卓会議は、一九八〇年のときのようにいきなり国が強権を振りかざして介入するのとは違い、巧妙に組織構築をして民間スポーツ団体に関与する態勢である。スポーツの自主独立が形骸化されようとしていることに、山下こそが異を唱えて欲しいと思うのは、もはや無理なのか。

最強ではなく最高の選手

山下や井上康生（前全日本男子監督）らはよく、「最強の柔道選手ではなく最高の柔道選手になってほしい」と口にする。最高とは柔道修行のなかで人格、品性を高め、教養なども身につけた選手ということ。要するに強いだけではなく、人間性をしっかり磨いて立派な社会人になれということだろう。

山下は二〇〇四年一〇月一日の『全柔連だより』二三号に、

「私はアトランタ、シドニー・オリンピックの監督を努めましたがそのときの私の使命は最強ではなく、最高の選手づくりでした」

「日本選手は最強以上に最高の選手を斉藤仁監督、吉村和郎チームリーダーに育ててほしいと思っています」

と述べている。

柔道は教育的価値があるという山下は、柔道を修行することで強いだけではなく人格も磨かれた選手になってほしいという願望を持っている。この考えに異論を唱えるつもりはない。

だが、いまの柔道界は本音と建前が違いすぎる。本来、世界チャンピオンになるくらいの選手は、修行が透徹されて人格も磨かれ、社会を補益する立派な人間になるはずなのだが、幼いころから強化第一、勝利至上で過ごして来ているので、人格を磨くことなど後回しだ。世界チャンピオンになったものの合宿に遅刻し、強化AからBに降格した選手がいるし、後輩に暴力をふるって処分された選手もいる。

一九一九年一月の懇親会で、私は山下に次のように質問した。

「全柔連は最強ではなく最高の選手づくりを標榜しているが、フジテレビの『ジャンクスポーツ』（一八年九月一六日放送）という番組で、司会者のダウンタウン浜田雅功から高藤直寿（パーク24）、阿部一二三（日体大四年）らが頭をひっぱたかれていた。二人はそれをにやにやしながらされるがままになっていた。周囲の選手や監督も笑っていた。私は見ていて気分が悪くなった。何で世界チャンピオンがお笑いのネタにされなくてはならないのか。世界チャンピオンは世界に一人しかいない。柔道界としても軽く見られているのではないか。そんな姿を見ていると最強にはなれるが、最高の選手になれといっても無理だと思う」

この質問に山下ではなく中里壮也専務理事が答えた。

「やむを得ない」

あっけにとられた私は、その後彼が何をいったのか覚えていない。若いとはいえ世界一の柔道家がペタペタと頭を叩かれ、お笑いネタにされて、はたして「最高の選手」になれるのだろうか。「やむを得ない」はギャラのせいか、柔道の宣伝のためか。もしそうなら、それは皮相というものだろう。とんでもない考え違いといっておこう。

脇で聞いていた山下は無言だったがどう思っていたのだろうか。

選手には最高を求めるが女子の誇りは無視

二〇一二年のロンドン五輪代表を決める選抜体重別大会の後、全柔連は勝利した女子選手と敗れた選手を同じ部屋に集めて代表決定まで待機させた。テレビは、生放送で勝者と敗者の表情をカメラで撮《うつ》した。残酷な画面だった。代表になった選手にも笑顔はなかった。笑えるはずがない。敗れて泣いている選手がすぐ脇にいるのだ。全員の顔がこわばっていた。

テレビ局の思惑は勝者、敗者の表情を浮き彫りにして、ある種のドラマ仕立てを狙ったのだろうが、選手へのリスペクトは全く感じられなかった。人間的な配慮がないのである。

男子のなかには帰ってしまった選手もいた。こうした配慮のないやり方が平然とおこなわれる。これはほんの一例である。代表決定まで強化委員会の論議に時間がかかるとしても同じ部屋に勝者と敗者が並んで座っているという図は気まずい雰囲気が流れていた。

この理不尽なおこないは、当時の吉村和郎（強化委員長、チームリーダー）の主導だったが、全柔連理事で強化委員会の幹部だった山下に責任が全くないとはいえない。

女子だって最強ではなく最高は求められるだろう。だとしたら、テレビ局の言いなりになって敗者を勝者のそばに立たせて絵撮りの対象に使うなど、心ない仕打ちと思わなかったのだろうか。「やむを得ない」ではすまない話だ。

全柔連は、自ら最高の選手づくりの旗を引き下ろしているようなものだ。

全柔連は、選手の最高果実をオリンピック、世界大会の金メダル獲得に置いている。それを目指して、多くの強化選手が勝ち負けのぎりぎりの勝負のなかでたたかっている。いくら柔道の教育的価値といわれても、とにかく最強を強いられているわけで、そのようななかで最高の自画像を描くのは難しい。その選手たちに、敗者への心配りの欠片も見られない対応を平然とおこなっては、勝つ以上の価値のないことを語っているようなものだ。

全柔連や山下がほんとうに最高を求めるなら、それなりの場とそうなれるような指導が求められる。いまは言葉だけが空虚に流れている。

この件では放映したフジテレビのトップが一三年二月二二日の定例記者会見で「配慮が足りなかった」と反省している。

S・モラエイ選手迫害と及び腰

二〇一九年八月二五日から八日間、日本武道館で東京世界柔道大会が開かれた。八一キログラム級のS・モラエイ選手（イラン）が本国からイスラエル選手と接触するなという指令を受け、優勝候補だったが簡単に（意識的に）負けた。

モラエイ選手は八一キログラム級の世界第一人者で、前年二〇一八年バクー世界大会の金メダリストだった。ところが、本国のS・レザ・サレヒ・アミリ＝イランオリンピック委員会委員長とスポーツ相のD・ザニなどからイスラエルの強豪S・ムキ選手と「戦うな、棄権せよ」と命じられた。モラエイ選手は準決勝で格下のM・カッセ選手（ベルギー）に敗れて敗者復活に回り、そこでも世界ランク一〇位以内にも入っていないL・マイシュラーゼ選手（ジョージア）にも負け、五位になった。

命令を無視して準決勝で勝つと、決勝でムキ選手とたたかわなくてはならない。負けても敗者復活戦で勝つと三位になってムキ選手と表彰台に一緒に立つことになる。モラエイ選手にとっての最良の選択は入賞しないことだった。命令に従わないと母国に住む家族が迫害に遭うという脅しも受けていたと聞く。

モラエイ選手は八月二九日の夜、M・ビゼールIJF（国際柔道連盟）会長が保護して急遽ドイツに出国させ、難民として受け入れられた。モラエイ選手はたたかいをあきらめたことで自らと家族を守ったのだ。

このとき、私は試合後のぶら下がりで山下に質問した。

「山下さん。イランのやり方はスポーツの世界に政治の緊張関係を持ち込んで選手に不当な圧力をかけている。山下さんはホスト国の長、大会主管者として選手を安全にたたかわせ、安全に母国に送り返す責任があると思う。大上段に抗議しなくてもよい。遺憾であるというくらいの声明は出せたのではないか」

私としては主催がＩＪＦだとしても会場は東京だし、山下はそこのトップだ。参加した選手を守るべき立場にあったのだから、柔軟かつ毅然として声明文ぐらいは出せるし、出すべきだと思っての質問だった。

ところが、山下の答えは「難しい問題。世界の厳しい現実を突きつけられた。大会はＩＪＦが主催しているので全柔連としては何もできない」だった。

主管者でありながら何もしなかった山下と、モラエイ選手からの訴えにすぐ行動し、ドイツへ出国させたビゼール。両者の、ことに臨んでの実行力と行動規範、胆力の違いがよく分かり対照的だった。

主催がＩＪＦだとしても主管は全柔連。「遺憾である」くらいの声明は出せるはずだ。

日ごろから柔道を通じた国際交流や友好の懸け橋をいう割には、山下は自分の庭が荒らされているにもかかわらず確固たる世界観や毅然とした態度は示さなかった。

井上康生はこの問題に関して、「政治のスポーツへの介入はあってはならないことです」（『近代柔道』二〇一九年一〇月号、ベースボール・マガジン社発行）と明快に語っている。

モラエイ選手は、いまはモンゴルに亡命し、同国所属で二〇二一年二月にイスラエルでおこなわれたGDS（グランドスラム、国際柔道連盟主催の大会）テルアビブ大会に出場、準優勝した。二〇二一年の東京五輪ではモンゴル選手として銀メダルを獲得している。

山下会長の下で改革改善は進んでいるのか

山下泰裕は副会長時代に評議員会から報道陣を締め出し、会長になってからはセクハラやパワハラの当事者の公表を限定的にするルールを発表し、その身内第一主義、隠ぺい体質をあらわにしてきた。二〇一三年の事件から教訓を得て変革の道を歩んできたのとは真逆の方向だ。柔道の登録人口も年々右肩下がりで減少している。二〇万人の大台をキープした時期もあったが、二〇一九年は一三万人台に落ち込んでいる。フランスが六〇万人台というのとは雲泥の差だ。

暴力事件もなくならない。

二〇一四年に起きた福岡県の道場指導者による中学生絞め落とし事件では、二〇二一年二月にやっと最高裁で和解が成立するほどだ。この裁判は、福岡県柔道協会に所属する指導員の絞め落とし行為を、全柔連が福岡県柔道協会に調査を丸投げしたことからおかしくなった。調査の指名権は全柔連にあるというのが全柔連の言い分だった。

中学生への理不尽な暴力行為を「指導の一環」ですまそうとする無責任な態度は、案の定、最高裁判決で否定され、全柔連側の無責任な対応も批判されることになり、被害者側の完全な勝利和解となった（詳しくは後述）。

山下は副会長時代、全柔連と「全国柔道事故被害者の会」との初めての協議会（二〇一四年七月三〇日）で、「これまでは全柔連に上がる事故報告などは簡単な事故の経過しか分からなかった。今後は事故がどういう風に起きたか現場に出向いて調べることもある」と明確に語っていたが、全柔連は独自の調査をする気配も見せなかった。

そういう全柔連の態度は、現場を「自由」にさせる。二〇一九年八月の全国高校定時制通信制柔道大会（講道館）では、兵庫県飾磨工高の柔道部主将が仲間の一人を監督の目の前で平手打ちにした。監督は止めなかった。目の前で起きたこの事件を、私は大会事務局に報告した。監督と監督の父親の総監督が事務局に呼ばれて厳重注意になった。

ほとんど日本柔道界の体質といってもよいこうした事件は、全柔連が暴力根絶宣言をしても、隠れていくらでも起きている。それもくり返し。この工高も、同年末に体罰問題を起こし、兵庫県教育委員会が監督を停職処分にしたと神戸新聞が報じている（二〇二〇年三月二四日付）。

暴力の根絶に関して全柔連は二回も「根絶宣言」を出しているが日暮れて途遠しの感がある。暴力問題は毎年、全柔連に報告されてくるが、いくらダメといってもペナルティが甘く、実行者には痛くもかゆくもないために右の耳で聞いて左の耳から抜けていくのが実態だ。

登録人口についていえば、減少の大きな要因の一つに、中学校に柔道専門の教員がおらず、柔道部のないことがあげられる。小学生時代に町道場に通っていたちびっこ柔道家も中学生になるとやれる環境がなくなり、止めてしまうのだ。近所に道場がないことも柔道をやらなくなる理由としては大きい。

強豪校では監督や上級生の体罰、いじめにあってドロップアウトしてしまう者も多い。死亡事故も他競技に比べると多いので敬遠される。

将来のこともある。

柔道選手がその技術を生かして仕事を見つけるとすると、警察や自衛隊、警備保障会社、体育の教員などだが、志向が違ったり狭い枠があったりする。独特のタテ社会だから、先輩が引っ張ってくれるケースもあるが、そうそうはない。いずれにしても、柔道をやっていたことで就けるそれらの職もかぎられている。

そんなこんなで社会に出たら仕事優先になり、柔道経験者はスリーピング有段者のまま終えることになってしまう。

また、柔道にはプロがない。柔道家として一生をかけるという夢を、子どもたちが持つのは難しい。プロがある華やかなサッカーや野球、テニス、バスケットボールなどに人気が集まる。

卓越した柔道技術を生かして多額の収入を得ようと思う者は、格闘技に参戦する。小川直也、吉田秀彦、滝本誠、石井慧らオリンピック、世界選手権王者の超一流は、格闘技でそれなりの金を稼いだ後、また柔道に戻って指導者になっている。

男子はまだしも、女子の場合は家庭に入ってしまうと、一般的にいえば家事・育児、両親や義父母の介護で忙殺され、柔道どころでなくなる。柔道にかかわらない一般職に就くと、まったく柔道どころではない。

柔道は人気スポーツではない。スポーツ紙の紙面でさわがれるのは、四年に一度のオリンピック・パラリンピックか世界大会のときぐらいで、あとは暴力問題や不祥事である。

その結果、柔道人口はどんどん減り続ける。

山下泰裕は、そのような柔道界立て直しの「最後の切り札」である。ほとんどがそう見ている。山下で目に見える組織改革が見られなかったら、多くのファンや柔道人は「山下でもダメか」と失望するだろう。そうなっては欲しくない。が、変わる予感は今のところしない。

一見女性に配慮しているようだが

二〇一六年九月一四日、全柔連は二〇二〇年の東京五輪の女子監督に増地克之（筑波大准教授）を指名した。通常、監督は二期務めるので二四年のパリ五輪まで八年の任期になる。増地は前監督を反面教師にして、選手の意見もよく聞いて職責を果たしている。それはそれでよいのだが、私は東京五輪の監督は女性がふさわしいと考えていた。

他競技でもサッカー、バレーボール、ソフトボール、新体操などすべて女性だ。柔道でも福岡教育大柔道部は楢崎教子（筑波大卒、二〇〇〇年シドニー五輪五二キログラム級銀メダリスト）だし、海外ではブラジルナショナルチームの男子監督は藤井裕子（広島大卒）だ。

日本でのオリンピックに日本柔道史上初の女性監督誕生なら柔道への関心も高まる、など考えていた。世界大会やオリンピックでは女子のほうが男子よりメダル獲得数は多く、女子監督が時期尚早であるはずもなかった。

私は二〇一七年に、新しく全柔連会長になった山下に女性監督の考えはないかと尋ねた。山下は次のように答えた。

「女性監督をつくったとなれば、マスコミは大きく取り上げるでしょう。しかし、それには女性がやれるような環境づくりをきちんとやっておかないと失敗する」（『近代柔道』二〇一七年九月号）。

一見、女性を慮っているようだが、何かおかしい。「女性がやれるような環境」とは何か。女性は失敗してはいけないのか。男なら少々環境が整わなくてもいいのか、などと余計なことを考えてしまう。そもそも、環境づくりをしてやる、という男上位の目線からの発言であることが気になる。一緒にやろう、という態度ではないのだ。

女性監督であろうと男子であろうと、失敗するときは失敗する。ロンドン五輪は男子チームは金メダルゼロだったが、オリンピック後の人事では吉村和郎チームリーダーは昇格し、篠原信一・男子、園田隆二・女子監督は当初は吉村の強い支持で留任だった。責任を問う声は特にはなかったが、一三年の全柔連のごたごたのなかでこの人事は撤回された。

東京五輪で実現しなかった女性監督。二一年九月二八日の理事会でパリ五輪まで現増地克之女子監督が続投と決まった。はたして、二〇二八年のロス五輪では女子監督は誕生するのだろうか。二〇一三年の一連の事件のあと、第三者委員会が柔道界の組織改革について提言したなかには、「女性監督、コーチの導入」が明記されていた。日本柔道界にとっては、たかが女性監督ではないのである。そのことを山下全柔連は分かっているのか。

ＩＪＦ教育コーチング理事陥落

二〇〇三年の大阪世界大会のＩＪＦ（国際柔道連盟）総会で、山下は教育コーチング理事に選ばれた。理事になった山下は、発展途上国選手にリサイクル柔道衣を贈る活動や中国の青島（チンタオ）の道場設立支援をおこなったり、中東で指導したりと精力善用・自他共栄の柔道精神を発揮した。

このころは、はつらつと職務を遂行していた。ところが、四年後の二〇〇七年九月、山下はＩＪＦ役員選挙で対立候補のＭ・メリジャ（アルジェリア）に六一対一二三の大差で敗れた。山下が自身のホームページにアップした選挙結果についての報告が『近代柔道』二〇〇七年一二月号に載っている。

「ビゼールの柔道に対する情熱を認めますが、資金力にものをいわせて民主的とはいえない手法で運営し、反対する者は徹底して排除するやり方には大きな違和感を覚えました」

「会長選挙で私はＩＪＦが民主的でなくなるという危機感を強め、（ビゼールの）対抗馬の朴容晟（韓国）を支持したのです。つまり、単なる人間性や利害関係といった理由ではなくＩＪＦ、および世界の柔道の発展にとってどちらがリーダーシップをとるのがよいのかを判断して朴を支持したのです。この判断基準は私の信念といってもいいものです」

「ビゼールは山下対メリジャではなく山下対ビゼールの戦いととらえ影響下にある国々を締め付けながら面子をかけて選挙活動を活発に展開しました」

同年一〇月二二日に私は山下にインタビューし、『近代柔道』一二月号に載せた。

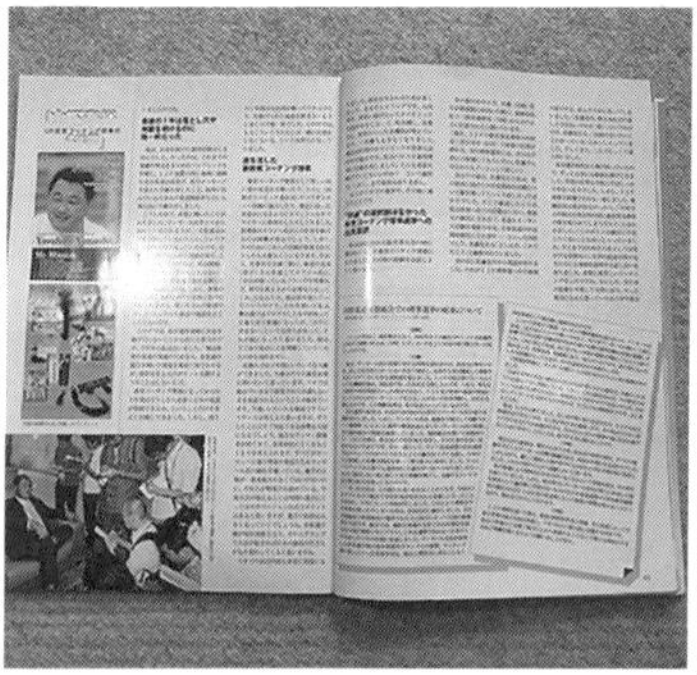

国際柔道連盟総会での理事選挙の結果について山下氏は自身のＨＰに経緯をアップした（『近代柔道』07年12月号）。※右画像：右頁の拡大。

山下は、

「ビゼールサイドから流れたと思われますが、全柔連は山下を支援していないらしいというデマが海外で飛び交っていた。世界の多くの人たちがそのデマを真に受けたのかもしれません」

と疑惑を語っている。

野心家のビゼールは、将来自分の最大のライバルになるのは世界に名が売れ、人気者の山下とにらんでいた。また、会長選挙で朴を支持している山下はビゼールにとっては目の上の瘤だった。ビゼールとしては、早い時期に山下をつぶすことが世界の柔道界を自分の支配下に置くための最良の方策だったのだろう。

会長選挙は、情勢不利と見た朴が総会前に突然辞任したため、会長代行だったビゼールが九月のＩＪＦ総会ですんなり会長になった。以後、ＩＪＦはビゼールの天下となり、それは現在も続いている。

柔道人の誇りはどこへ

石持て追われるようにＩＪＦから去った山下は、二〇一五年のアスタナ世界大会時におこなわれた総会（八月二二日）で、ビゼール会長から指名されてIJF指名理事に復帰した。発言はできるが議決権はない役職だ。このとき、ビゼールの盟友、上村春樹・講道館館長も指名理事としてともに復帰した。同時に二人とも「IJF柔道の殿堂」入りを告げられ、すんなり受け入れた。

IJF理事復帰と柔道の殿堂入りを伝えられ微笑む山下氏と上村春樹氏の表情を報じた（『近代柔道』15年10月号）。

二〇〇七年の会長選挙のとき、「IJFが民主的でなくなる」と朴を支持し、それを「私の信念」とまで語っていた山下だが、「責任の重さを感じている。世界の柔道に対して積極的に貢献していかなければならない」（『近代柔道』一〇月号、「朝日」野村周平記者のレポート）と抱負を語った。

私は違和感を覚えた。一言でいえば自分をいびり出したビゼール会長のやり方に憤りはなくなったのか。信念はどこにいったのだ、ということだ。上村がいればIJFのニュースや国際的な話題は全柔連に入ってくるから日本柔道界が困ることはない。ＩＪＦ理事でなくても世界に知己を持つ山下がやれる国際的活動は多くある。

そもそも、ビゼールが山下を復帰させようとしたのは、山下が自分にとって邪魔な存在ではなくなったからだ。ＩＪＦで独裁的に権力を行使し、周囲を側近でがっちり固め、今後長く会長職にとどまり続ける体勢をつくりあげている。旗を高く掲げて理想を語る山下だが、現実路線でＩＪＦに収入をもたらし、柔道の発展に合理的な改革をおこなっているビゼールに対抗できる力はない。ビゼールにとって山下は、もはや何の脅威でもない。だが、柔道の創始国の二トップを身近に置けば、組織としては収まり具合が良い。誰が見ても、そのような思惑が透けて見える山下、上村のＩＪＦ理事復帰だった。

それの分からぬ山下ではないと思うが、ＩＪＦ柔道殿堂入りの額を抱えた写真で、彼はにっこり微笑んでいるように見える。柔道人としての誇りはどこへ行ってしまったのか。

疎外されモスクワと同根なのに……

怒りを忘れた山下は、ほかにもある。二〇二〇東京オリンピック・パラリンピックである。二〇二〇東京の招致の先頭に立ったのは、山下の前任、竹田恆和だった。竹田は、ＪＯＣ（日本オリンピック委員会）会長、二〇二〇年東京オリンピック・パラリンピック競技大会組織委員会副会長として、賄賂攻勢を仕掛けた疑惑で辞任したが、世界を飛び回って招致活動をおこなった。山下はその後任で、組織委員会の副会長でもある。

ところが、その山下が全くのけ者にされた〝事件〟があった。

新型コロナの蔓延で東京オリンピック・パラリンピックが開催できるか否かという二〇二〇年の三月二四日夜、首相官邸に安倍晋三（首相）、森喜朗（東京五輪・パラリンピック組織委員会会長）、小池百合子（東京都知事）、菅義偉（内閣官房長官）、橋本聖子（東京オリンピック・パラリンピック担当大臣）の五人が集まった。

安倍がT・バッハIOC（国際オリンピック

オリンピック・パラリンピックの延期は政治家５人で決めた。
山下ＪＯＣ会長は蚊帳の外。

委員会）会長（ドイツ）と話し合い、二〇年開催のオリンピック・パラリンピックを翌二一年七月二三日開会に延期することを決めた。

このニュースを聞いて私が真っ先に思ったのは、なぜここにＪＯＣ会長の山下がいないのか、ということだった。五人とも全員政治家、しかも政府側からは二人の出席。オリンピック開催の最重要案件を決める集まりなのに、ＪＯＣ会長がいない。疎外されているのか棚上げされているのか、意図は分からないが納得できない不思議な構図だ。

しかし山下は蚊帳の外に置かれても、

「アスリートは様々な思いを抱いていると思う。ただ、これはアスリートの安全を第一に考えての苦渋の決断。前向きにとらえ、気持ちをリセットして二〇二一年に向かってさらにしっかりとした準備をしてほしい」（「朝日」二五日付）

とコメントした。だが、私にいわせればまったく不当な扱いを受けたＪＯＣ会長が、憤ることもなく、サラリといってのけた言葉をそのまま受けとめるアスリートはどれくらいいるだろうか。

これは、一九八〇年のモスクワ五輪ボイコットと同じ構図だ。ボイコットを決めたのは、選手でも競技団体でもなかった。国家が選手たちの思いを無視して、頭越しにスポーツ問題に手を突っ込んで、日本選手団の五輪参加を中止させたのである。

今回、一年延期を決めたのは安倍だった。三月三〇日の組織委員会の会見で武藤敏郎（事務総長）が「（一年の）延期を決められたのは総理であります」と述べている。内閣総理大臣に、オリンピック・パラリンピック開催を決める権限はない。新型コロナ禍を受けて政治の判断が必要と感じたら、それを組織委員会やＪＯＣに伝え、そこでの協議を待つべき性格の問題である。

安倍が決めたのであれば、オリンピック憲章で禁じている政治介入そのものになる。モスクワ参加中止で泣いた山下は、この同じ構図に何も感じなかったのか。山下が不快感を示したなどという記事は翌日も翌々日も、どの新聞にも載っていなかった。メディアが密やかに伝えることもなかった。

それから一年後の二〇二一年三月二〇日、政府、東京都、ＩＯＣ、国際パラリンピック委員会、大会組織委員会の五者の代表が集まって、海外からの観客受け入れを断念する旨の最終合意をしたが、このときも、山下ＪＯＣ会長は蚊帳の外だった。

それでいながら、山下はＪＯＣ内からの「異論」には目敏い。

オリンピック・パラリンピックの延期を決める数日前、ＪＯＣ理事の山口香（筑波大教授、前全柔連監事）が、「アスリートが十分に練習ができない状況での（オリンピック・パラリンピック）開催はアスリートファーストではない。延期すべき」（「朝日」三月二〇日付）

と発言した。これに山下は、
「いろいろな意見があるのは当然だが、ＪＯＣの中の人がそういう発言をするのは極めて残念」（「朝日」二一日付）
とかみついた。
このころはバッハＩＯＣ会長も通常開催以外の可能性に言及していたので、中止はともかく延期の線は色濃く出始めていた。「朝日」の東京都民のアンケート（二一、二二日）でも七三％が「五輪は延期」と答えている。ことさら山口の発言が大げさでも間違っているわけでない。山下も二三日には「延期も検討せざるを得ないことは私も認識している」と述べるほどだった。もっとも山下は、「七月二四日開催がなくなったわけではない」と二〇二〇年開催に固執したのだが、翌日には延期を決められるのだから、見通しが甘いといえる。甘くなるのは、選手の側に軸足を据えてものを考えないからだ。山口がいった、ということだけで反発するからこういうことになる。

「人生のチャンピオン」とは？

山下はよく講演などで人生のチャンピオン、人生の勝利者になれと呼びかける。言葉としてはきれいな響きで何となく分かるような気がする。だが、現実をあてはめながら考えると抽象的でよく分からない。

山下は人間学を学ぶという触れ込みの月刊誌『致知』誌上で、大相撲の横綱・白鵬と対談している（二〇一四年七月号）。そこでは山下は、中学時代の恩師・白石礼介からいわれた言葉を紹介している。

「柔道でチャンピオンになれるのは一人しかいない。しかし、柔道で学んだことを生かしていけば全員が人生のチャンピオンになれる。柔道はそのためにやるんだ」

また、二〇一三年四月二三日の上智大学創立一〇〇周年記念事業スポーツ講演会では、東海大の創立者・松前重義の言葉として、

「『僕が今日まで君を応援してきたのは試合に勝ってほしいだけではなかったのだよ。選手生命は三〇歳で終わる。それ以降の人生のほうが長い。人は柔道のチャンピオンになれなくても人生のチャンピオンにはなれる。君は日本で生まれ育った柔道を通して世界と友好・親善を務めてほしい。スポーツを通じて平和に貢献できる人間になってほしい』といわれた」

と語っている。

二〇一三年七月一四日の「暴力根絶パネルディスカッション」（NPO法人柔道教育ソリダ

リティ主催）でも、中学校の恩師からいわれた言葉として、
「先生は『この道場で日の丸をつけて世界に出る奴がいればいいな。でも、いくら頑張っても三〇歳で現役は終わる。だからこそ、いまここで学んだことを人生で生かせ。それは柔の道だ。それは人生のチャンピオンになることだ』という教えでした。そうして、この先生の教えを守っていけば自分は大きくなれるという実感が生まれてきた」（『近代柔道』二〇一三年九月号）
と語っている。

これらを読むと、人生のチャンピオンとは競技でチャンピオンになれなくても柔道を通じて世界や国に貢献できる人間にはなれる。柔道で培った技術や精神力、忍耐力、体力などを発揮すれば社会人として有意義な人生を送るチャンピオンになれる、といったことらしい。だが、ことさらにいわれる「人生のチャンピオン」とは何なのか。

柔の道なら精力善用・自他共栄の言葉が頭に浮かぶ。世界平和はともかく、ほとんどの柔道経験者は学業を終えると警察、自衛隊、教員、公務員、一般企業、自営業などに従事し、何らかの形で社会に貢献しながら生きている。社会に出て平凡に、しかし真面目に暮らしている。それを人生のチャンピオンとことさらよぶわけではあるまい。

小川直也、吉田秀彦、瀧本誠、石井慧などの世界、オリンピックチャンピオンはプロ格

闘技に参戦し、柔道で培った技術を発揮してそれなりの収入を得た後、柔道界へ戻ってきた。彼らは競技上のチャンピオンだが、多額の収入を得るために一旦は柔道から離れた。彼らを人生のチャンピオンといって良いのか。

オリンピック金メダリストの松本薫（帝京大卒）は、現役引退後はアイスクリーム販売のオーナーになっているが、こうした生き方は両方のチャンピオンになったといえるのか。女子選手の場合、多くは結婚して子どもができたら柔道どころでなくなる。相手の理解にもよるが、それでも育児や親の介護に追われ、働き続けると負担はますます大きくなる。審判資格を取って柔道界に貢献、活躍している女性もいるが、多くの女性たちは柔道を通した世界平和への貢献などやりたくてもできないでいる。

そうなると、山下のいう「人生のチャンピオン」という設定はなかなか難しい。

女子柔道の草分けで柔道発展のために若いころから全柔連の広報大使として活躍し、柔道人気をあげるために貢献してきた山口香は、全柔連では理事にも評議員にもなっていない。全日本の女子チームの監督の声もかからない。正論を述べる山口を全柔連幹部が煙たがって遠ざけているからだ。山口は競技上の世界チャンピオンだが、全柔連という本家からは冷遇されている。敬して遠ざけられている。その後の柔道人生でもチャンピオンになれる資格は十分あるのに、組織がそうさせない。こういうことはどう考えればいいのか。

山下が考えるほどには、「人生のチャンピオン」は容易くなれないようになっている。

村上清の場合

村上清（現イタリア柔道連盟総監督）は天理大を卒業後、来日していたフランスチームからの誘いで一九七四年にフランスに渡り、同国のコーチになった。学生時代の実績はないが、コーチとしては八八年のソウル五輪で七一キログラム級のM・アレクサンドル選手を金メダリストに育て、九二年のバルセロナ五輪では四八キログラム級のC・ノバク選手と六一キログラム級のC・フローリ選手を優勝させた。

九三年に帰国し、ミキハウスにコーチとして就任した。その後、二〇〇九年に全柔連の事務局長になった。大学は違うが同期の上村春樹（全柔連会長）の引きもあったのだろう。一三年の一連の事件に関連して事務局長を辞任したが、一五年に衰退気味のイタリアに渡り再び指導者として活動するようになり、一六年のリオデジャネイロ五輪では六六キログラム級のF・バシル選手を金メダリストとして育てあげた。

フランス、ミキハウス、全柔連、イタリアと浮き沈みの多い柔道人生だが、現在はイタリア柔道連盟の総監督である。実績を積みあげ、柔道を通じての国際交流にも貢献しているが、不正受給の一端を担った汚点は残っている。

村上は、一九九五年の幕張世界大会のときに所属選手の試合時間を間違え、打ち込みの練習をやらせて棄権負け寸前にしたこともある。大会開催の地元ということで審判団の配慮があったが、当事者の藪下めぐみ選手（ミキハウス）は試合への気持ちを整えることができず、一本負けしてしまった。選手の管理に手落ちがあった。

成功すればそれらの汚点やミスは相殺されるのか。村上はＩＪＦから国際柔道に貢献したとして表彰までされている。

真壁友枝、鈴木なつ未の場合

真壁友枝（三井住友海上岡山支店津山支社課長）は、現役時代は四八キログラム級のトップクラスの選手として活躍した。一歳下に谷亮子がいて世界大会やオリンピック代表には届かなかった。二〇〇三年に引退し、郷里の岡山に帰って三井住友海上の社員として勤務した。仕事に必要な資格もたくさんとり、いまでは課長として多くのスタッフを抱えて業務に励んでいる。

鈴木なつ未は拓殖大柔道部出身で、現役引退後はスポーツ科学研究の道を選び、二〇〇八年には筑波大で医学博士号を取得した。その後、全柔連の強化委員会科学研究部員や国立スポーツ科学センターに所属し、主に女子スポーツ選手のコンディションに関する研究をおこない、現在は拓大の准教授になっている。

二人とも現役引退後に努力してそれぞれの道を切り開いた。鈴木の研究は、まわりまわって柔道を通じての国際交流に寄与することもあるだろうが、彼女は世界の懸け橋になるために研究生活を選んだわけではないだろう。

現役時代に優秀な戦績を残せなくても、その後の人生の生き方はさまざまで、そこでの成功も失敗もある。「人生のチャンピオン」などと、そこでも「勝利者」になれといわんばかりの激励は、いかがなものか。「人生のチャンピオン」は、真摯で誇りある人生の歩みへ、自ら与える称号で良いのではないだろうか。

拓大柔道部→筑波大医博の鈴木なつ未。
撮影：スポーツジャーナリスト・宮沢正幸氏
出所：『茗荷谷たより』
（拓殖大学学友会機関紙）掲載

周囲への必要以上の気配り

山下は二〇一七年六月二三日の第一回定例理事会でそれまでの全柔連副会長・強化委員長から会長に就任した。私は、七月一三日に会長としての抱負を聞いた。山下は開口一番、「私が会長になったとき、お祝いをやろうとか、おめでとうとか、周囲からお話があった。でも、いまはそのような浮かれた気分にはなれない。取材もお断りしてきた。ただ、柔道関係者には私がどういう考えを持っているのか、何を目指しているのかを理解していただくために取材をお受けした」（『近代柔道』一七年九月号）

といった。私は、ウン？「浮かれた気分」？だった。お祝いはともかく、浮かれるか否かは自分自身の問題で、それを理由に取材を断ることもないだろう。むしろ、最後の切り札としての会長就任で、世間も柔道界も大きな期待を寄せているのだから、率先して自分の考えを多くのメディアに伝えたほうがいいし、自然ではないかと私は思っていた。こういう変な気の遣いようが山下にはある。余計な忖度体質ともいえる。

インタビューで、山下がまずやりたいこととしてあげたのは「各都道府県の柔道連盟、協会、中・高体連、学生柔道連盟、実業柔道連盟などと連携を深めること」だった。

私は正直、がっかりした。日ごろから柔道を通じた国際交流、世界との懸け橋の構築を謳っている山下にしては話が小さいと思った。柔道界には、待ったなしの懸案といえる暴力追放問題があり、そういう話がまず聞けるものとインタビューに臨んでいただけに、すかされた感じがした。

地方と連携を深めることが悪いわけではないが、組織的には評議員会、理事会、全国代表者会議、専門委員会があり、どの部署にも地方の幹部はいる。地方で解決しなくてはならない問題があるにしても、いずれかの組織に入っている地方委員が中央へ提起すれば事は足りる。とくに全国代表者会議は、全柔連と地方の連盟の意思疎通を図るために設立されたもので、山下のいう地方との連携そのものの組織である。

山下に世間や柔道界が期待しているのは、暴力根絶や女性幹部の登用、柔道人口の増勢などだろう。そうした課題への率先した強いリーダーシップの発揮、それを言葉にして伝えることが求められた。そのなかで地方や各柔道連盟との連携は自ずと構築されていく。

地方や学柔連、実柔連などとの連携云々は、悪い子にはなりたくない山下の気持ちが思わず口に出たものだろう。だがそれは、上見て右見て左見て、当たらず障らず組織を維持するにしたくはない、旧弊温存の不穏な保守姿勢を表すものでもあった。

山下は全国の組織と連携を密にするために関西地区大学の監督をしていたK・Sを連携推進の〝特別職〟として任命したが、K・Sが退局した後の後任はなしだ。

森発言擁護と続投要請

山下の保守・忖度姿勢をよく示したのが、東京五輪・パラリンピック大会組織委員会の森喜朗会長の発言問題である。二〇二一年二月三日のＪＯＣ臨時評議員会で、森は、

「女性がたくさん入っている理事会というのは時間がかかります」

「女性の数を増やす場合には発言時間をある程度規制しないとなかなか終わらないので困る。組織委にも七人ぐらいおりますが皆さんわきまえておられて……」

などと発言した。

これに対して内外から大きな批判を浴びたのは周知のとおりである。

森は翌四日に釈明会見をおこなったが、

「皆さんに邪魔といわれれば老害、粗大ごみになったのかもしれません。掃いてもらえば良いのでは」

などと開き直り、火に油を注ぐ格好になった。

ＪＯＣ初めスポーツ団体は二〇二〇年代の早い時期に女性理事を四〇％台にすることを目標としている。にもかかわらず、組織委員会のトップがその取り組みを揶揄して女性理事を侮辱した。聖火ランナーに選ばれた人たちも辞退する人が続出し、各界の女性たちも

声をあげた。当初は森の釈明で会長職続投を支持していたＩＯＣも九日になると「森会長の発言は完全に不適切」と内外の世論の動向を見て一転、きびしい態度を表明した。森は一一日に辞意を固め、後任に元サッカー協会会長で盟友の川淵三郎を推薦したが、これもルールに基づかない密室人事だったことから問題になり、川淵も辞退した。

三日の会議に山下は出席していた。森発言が大騒ぎになると四日、急遽記者会見を開き、

森発言のときは「うん？」と思ったが「その後話があちこちに飛んで指摘する機会を逸してしまった」と釈明した。

本当に「うん？」と思ったのなら、会議後にもすぐ追いかけて直言、諫言できたはずだ。山下はＪＯＣの会長である。いわばオリンピック憲章を体現する立場の日本の組織のトップである。オリンピック憲章の「オリンピズムの根本原則⑥」、「オリンピックムーブメントとその活

「うん？　と思ったが」女性蔑視発言をやり過ごし、組織委員会会長続投を語った山下氏の記者会見と森会長辞任を報じる「日刊スポーツ」（21年2月5、6日付）と「朝日新聞」（2月12日付）。

動――ＩＯＣの使命と役割⑦」では、明確に男女差別を否定している。ＪＯＣ会長として、周囲が騒ぐ前に毅然たる行動が求められたのだ。

「朝日」は社説（五日）で、「問われるのは森氏だけではない。発言があった際、出席していた評議員らからは笑いが起き、たしなめる動きは一切なかった。山下泰裕ＪＯＣ会長以下、同じ考えの持ち主と受け取られても言い訳できない」と断じた。

山下は四日の記者会見で、「不適切な発言」といいつつ、

「森会長は謝罪して発言を撤回している。いろんな意見はあることは分かっているが最後まで全うしてほしい」

と、会長の続投まで要請した。恥の上塗りとしかいいようがないが、山下の行動規範をよく表してもいた。山下は、柔道体質である独特のタテ社会＝目上、先輩には逆らわない＝を体質にしており、そのうえに、もろもろの組織にかかわって身につけた、ペナルティはできるだけ軽く、穏便にことを済ます、をまとっていた。ＪＯＣ会長としての毅然とした姿勢は全くなかった。

後継会長選びでも非公開を主張

森が辞任し、密室で後継者に指名した川淵も会長就任を辞退し、組織委員会は「候補者検討委員会」なるものを立ち上げ、検討メンバーは理事のなかから選ぶとした。だが、御手洗富士夫座長（経団連名誉会長）を除く七人のメンバーは公表せず、内密に会長候補を選任するということだった。

メンバー非公開は山下らの進言だった。

「各委員が自分の信念に基づいて考えを述べる場にしたかった」（「日刊スポーツ」一九日）と山下は語っている。「毎日」も、「非公開と主張したのは私。委員に圧力がかかる。自由な発言をするには守らないといけない」（一九日）と山下の発言を紹介している。

山下は全柔連やＪＯＣ理事会がそうであったように、この検討委でも、肝心なことになると必ず非公開とか記者締め出しをおこなう。一貫して同じ手法である。

山下は、「委員に圧力がかかる」というが、それらの委員が圧力に屈してしまうかしないかは委員の自覚による。組織委員会の会長人事という、大事であればなおのこと、だれに聞かれても憚ることのない発言のできる委員であるべきだろう。それとも、山下には、選ばれた委員があまり信頼できなかったのか。

全柔連評議員会では自分より目上の地方のボスに忖度し、ＪＯＣ理事会は「公にできない話があるから」と非公開にした。本来は理事会で組織的に選ぶべき会長人事を、わざわざ検討委員会を設置したわけだから、議論は当然オープンであるべきだろう。それをあえて閉鎖する。もはやこれは体質といってもよい。彼を日本柔道界を変革する「切り札」と見るのは間違っているのかもしれない。

あれから三〇年

山下は一九九二年一〇月、全日本の監督に就くとサポート体制を強化し、合宿などではそれまでの一日二食のドカ食いを改め、栄養摂取の目安を示し、きちんと三食とるようにした。ウエイトトレーニングなども専門家に依頼してプログラムを作り、海外遠征のさいには現地の食べ物で生活できるようにと選手たちに精神的自立を要求した。レスリングや相撲など他競技の選手との合同練習をやり、柔道の秀でているところ、弱いところを客観的に自覚させた。

一九九六年、監督として迎えた最初のアトランタ五輪では、金、銀二個ずつを獲得。次のシドニー五輪では金三、銀一を獲得した。シドニーでは篠原信一（旭化成）が決勝の誤審で金メダルをＤ・ドゥイエ選手（フランス）に持っていかれたが、山下の八年間の評価はまああ成功といってよいものだった。

あれから約三〇年。山下は強化委員長、理事、副会長を歴任し、オリンピックチーム全体でも強化本部長を務め、現在は全柔連会長、ＪＯＣ会長、ＩＪＦ理事、東海大副学長、東京オリンピック・パラリンピック組織委員会副会長などの要職についている。

だが、引き受けた役職の責任が重くなったのと反比例するかのように、山下のかつての清新の気は薄れている。肝心なことは隠ぺいし、仲間内だけで話し合い、不祥事はできるだけ表に出さないで、組織の保持延命をはかろうとしているかに見える。

【Ⅱ】敬して遠ざけられている山口香

山口香は現役時代、体重別選手権一〇連覇、一九八四年ウィーン世界大会五二キログラム級優勝、八八年ソウルオリンピック第三位など、女三四郎といわれた女子柔道界の草分け的存在である。そうした山口にあこがれて柔道を始めた選手は多い。やわらちゃんで有名な田村亮子（現姓谷＝シドニー、アテネ五輪連覇）などもその一人だ。現役引退後は、筑波大女子柔道部の監督や全柔連強化委員などをつとめ、全柔連の広報活動を精力的に担い、とくに女子柔道の普及発展に大きな貢献をした。テレビ解説では歯切れの良い語り口で柔道を知らない人にも分かるような明快な技術解説で親しまれた。

また山口は、柔道界の暴力・体罰指導や男女差別について鋭く意見を述べる論客としても知られる。

大方の柔道関係者や柔道ファンは、山口は当然、柔道界でしかるべき役割を担い、世界と日本の柔道界で活躍していると思っているだろう。ところが、男社会の柔道界では、先に述べた全日本女子チームの監督をはじめ山口は重要なポストに就いてはいない。その存在は評価しつつも、上の人や自分より高段者には何もいわない（いえない）独特のタテ社会である柔道界では、山口のような正論派、しかも女性は歓迎されない。自分の意見はないのに、一歩先を見据えて物言う山口を小うるさい女とし邪険にあつかう。過去の実績はもとより現在の活躍度でもひけはとらないのに、山口は全柔連を動かす理事や評議員には一度も選ばれない。日本の柔道界にとっては宝の持ち腐れといってもよい。

本章では山口の柔道界での活動を振り返りながら、日本の柔道界の発展方向を考えてみたい。

柔道界初の女性理事選任はエース無視だった

全柔連は、二〇一二年の暮れから一三年にかけての、全柔連全日本女子チーム監督による暴力事件と国の助成金不正利用問題をめぐって、内閣府や第三者委員会から組織の改革・改善をつよく迫られた。とくに理事会や評議員会に一人も女性がいない偏った男性社会が批判の対象になった。

組織の活性化を模索した全柔連は、外部から宗岡正二（東大柔道部出身＝新日鐵住金代表取締役）を新会長に迎え、一三年六月二四日に臨時理事会を開いて田辺陽子（日大教授）、北田典子（講道学舎代表）、谷亮子（参院議員）の三人の新女性理事を選出した。

柔道界初の女性理事選出に、山口の名はあがらなかった。山口は八月二一日の理事会・評議員会で監事に就任した。監事は、理事会や評議員会が全柔連規約やその趣旨に則った活動をしているかどうかを監督する重要な役職だが、全柔連の運営や行動方針の策定に直接タッチするわけではない。全柔連のそれまでからいえば、たまのご意見番、名誉職然としたものだった。そのような役割を担わせるのにも、理事会・評議員会の役員投票で山口に投じられたのは過半数二七にプラス七の三四票。まさにイヤイヤといってよい選出だった。

当時、山口は理事会後のインタビューで「少し離れたところからものをいう立場。でも、一番いやな人物を選んだのでは」と苦笑していた。

田辺、北田、谷という顔ぶれには、上村春樹（講道館館長）の意向が強く反映しただろうが、二〇一九年に監事の任期を終えた山口に理事の声をかけなかったのには、宗岡のあとを引き継いだ山下の意志もあったろう。

理事の選出は、理事会推薦と各地方および実業団、学生柔道連盟、高体連、中体連などからの推薦をうけて評議員会で選任することになる。二〇一九年六月二一日の第一回評議

“正論山口”は男社会からは敬して遠ざけられている。写真：本人提供

員会も、そうした推薦で二九人の理事を選んだ。女性は四人で、柔道関係者は二人。北田典子（日大教授）、田辺陽子（日大教授）が再任され、谷亮子は外れた。外部から副会長に女性が抜擢され、谷が抜けた「柔道関係者」枠は、一二月の臨時評議員会で外部から補充された。

「私はいらないんだと思う」と、山口はこのときも苦笑いだった。

今年（二〇二一年）二月の森喜朗発言に、山口は、

「上に対してものをいえない。悪いことを悪いといえない。先輩後輩、年功序列……。この現状をスポーツ界は打破する気概を持たないと」

「声の大きい人、怖い人にはものがいえないと、それが不祥事の温床になる」

（いずれも「日刊スポーツ」二月五日付）

とはっきり語っている。

いま全柔連に求められているのは、こういう存在ではないのだろうか。

私の感覚がおかしくないなら、山下全柔連が寄りかかる「日本柔道界の常識」が捻れているのだと私は思う。

新型コロナでもいち早く正論

二〇二〇年の春は新型コロナウイルスの恐怖から始まった。ＩＯＣは三月に入って現実の問題として夏のオリンピック・パラリンピックを、①予定通り実施する、②延期、③中止の三案のどれにするかを模索していた。そのようななかで、ＪＯＣ委員の山口は「朝日」のインタビューに、

「世界中が正常な生活を送れない中で七月に開催してだれが喜ぶのか」（三月二〇日）

とコメントした。

「アスリートが十分に練習ができていない状況での開催はアスリートファーストではない。延期すべきだ」（同）

との考えも示した。私は二〇日に山口に電話した。彼女は、

「いまはやれる状況でないのはだれでも分かる。世界中で多くの死者まで出ているしこれからも広まる状況だ。やろうといったって練習もできない選手がいる国だってあるし、予選も開けていない。そんな状況でオリンピック・パラリンピックなど開けるわけがない。日本の関係者の中には延期や中止といえない雰囲気がある。だからこそ私たちのような下々の者がいってやらないと……」

と述べていた。

これに対して山下は、

「皆が開催に向かって頑張っているのにJOCの中にいる人がこんなことをいうのは残念だ」（「朝日」三月二一日付）

と不快感を示した。

だが、やりたいこととやれることとは違う。柔道界で見ても、この時男子六六キログラム級は代表決定戦がおこなわれていなかった。アメリカでは水泳、陸上連盟などが連名でIOCに延期を申し入れたとの報道もあった。

山下は二三日には「延期も含めて検討せざるを得ないことは私も認識している」と述べつつ、それでも「七月二四日の開幕がなくなったわけではない」（「しんぶん赤旗」二五日付）といいつのっていた。

だが、翌二四日にIOC、東京オリ・パラ組織委員会、東京都、日本政府などが集まって一年の延期を決めることになってみると、山下の見通しの甘さは、むしろ滑稽になってくる。JOC会長として、状況を見きわめ、よく考えて発言しないからこうなる。おそらく、山口の新聞コメントにカチンときたのだろうが、まちがった意見ならいざ知らず、返す言葉のようにものいいして墓穴を掘っては、将の器が量られよう。

二時間の激論で教え子を後押し、正論を主張！

二〇〇七年はリオ・デ・ジャネイロ世界選手権の開催年だった。四月七・八日の選抜体重別四八キログラム級決勝戦で、第一人者だった谷亮子（トヨタ自動車）が若手の福見友子（筑波大四年）に左出足払い「有効」で敗れた。

大会直後に開かれた世界選手権代表選手を選ぶ強化委員会では、報道陣のあいだで福見が選ばれるだろうと話し合っていた。ところが、代表になったのは谷だった。

「ただ代表を選ぶだけでいいなら福見を選ぶ。しかし、目指すのはあくまで金メダル。過去の実績を見ても谷のほうが金メダルに近い」（吉村和郎強化委員長、『近代柔道』五月号）という理由だった。

谷は二〇〇三年までは世界大会六連覇だったが、その後は出産、育児で大会までの二年間は試合から遠ざかっていた。強化委員会は過去の実績、外国選手に強い——を選抜の条件としていたが、二年間ものブランクを考慮した形跡はなかった。記者会見でもこの点が多くの記者から質問されたが、吉村強化委員長は「金メダルにどちらが近いか」論で押し切った。

このとき、山口は強化委員の立場で福見を選ぶべきだと主張した。

「最終選考会で勝った。福見選手の過去の実績は福岡国際優勝、講道館杯、ドイツ国際準優勝で代表の資格は満たしている。そもそも、谷選手の過去の実績といってもそれは二年前までのもの。過去の実績、実績といっていたらいつ若い選手にチャンスが回ってくるのか。派遣されなければ実績を作ることさえ難しいではないか」

「最終選考会と銘打っている大会に勝って選ばれないのなら、〈最終〉の意味はどこにあるのか」

およそそのような主旨で、明快だった。男子の強化委員も福見支持は多かったがいざ〝本番〟になると皆口をつぐんだ。

延々二時間つづいた強化委員会の結論は覆らなかった。当時、吉村強化委員長の威光は強く、他の強化委員も吉村に同調せざるを得なかった。山口の意見は押し込められた。

谷はこの後の五ヵ月間を体力復活と強化に充て、本番では見事に金メダルを獲得した。さすが谷、と逆転勝利を演出した形だったが、それと代表選考のシステムをあいまいにすることは違う。当時はこの選考に疑問を投げかけた報道も多かった。

自分が監督するチームの教え子という、感情移入しないはずがない選手の権利、名誉を、流されずに事理を分けて、あいまいな部分を最小限にして明晰な選考にしようとする山口の意見は、心打つものがあった。それだけに、強化委員長に逆らう〝生意気な奴〟は煙たがられ、遠ざけられる。いまでもそれは続いている。

男性指導者はだんまり

二〇〇九年三月二一、二二日、ナショナルトレーニングセンターで「柔道フォーラム」が開かれた。このフォーラムは全国で青少年を指導している指導者が対象だった。指導の実態を共有して改革・改善に生かそうという目的の会議で、参加者はほとんど男子の指導者だった。

二日目に山口が、強化と教育の矛盾点、セクハラや暴力、柔道界の常識は世間の常識ではないことなど、約四〇分間基調報告をおこなった。会場は前日と比べると緊張に包まれた。

とくに柔道界が内包する暴力について、

「絞め技で相手が『参った』といっているにもかかわらずなかなか離さないケースが見られる。また、男性指導者が女子選手に向かって〈デブ〉などと差別的発言を平気でやっている。親御さんが聞いたらどう思うか。情熱という名のもとに、それを隠れ蓑にして平然と殴る。外国では殴ったら訴訟ものだ。世の中の流れを正しく受け入れて指導者も変わっていかなければならない」

と指摘すると、会場はしーんとなって重苦しい雰囲気が漂った。

このとき、司会者が出席者に「何か質問は？」と呼びかけたが、だれも手をあげなかった。山口への反論も一切なかった。

『近代柔道』二〇一三年四月号で高校の柔道部指導者四五人に暴力・体罰についてのアンケートをとったことがある。

「あなたは生徒に手をあげたことがあるか」という問いに、四五人中二七人（六〇％）がイエス。ノーは一六人（三六％）だった。

指導者自身が殴られた経験を尋ねると、二九人（六四％）がイエス。ノーは一五人（三三％）だった。

この数字だけ見ても体罰・暴力指導が柔道界の特徴であることがよく分かる。

叩くという行為に対しては「いかなる場合でも叩いてはいけない」が一二人（二七％）で、「叩くことも必要」、「愛の鞭は良い」、「必要なら叩いて良い」、「強くなるためには必要」、「本人が納得していれば叩いて良い」など暴力を容認する人は五四人（複数回答あり）にのぼった。

おそるべき現状、といえる。暴力を肯定する指導者が七割を超えるスポーツ競技がほかにあるだろうか。さらに問題は、これが一向に改善されないことである。二〇二〇年一〇月三〇日に出された全柔連二回目の「暴力根絶宣言」でも、「指導者や年長者による暴力行為は収まることがなく」と嘆くほどである。日本柔道界から暴力をなくすことは、いうほどには容易ではない。根絶のための具体的で厳しい施策を全柔連が実行しなければ、今後もこれはつづくだろう。

ルールなしのペナルティ

二〇一八年一〇月二一日におこなわれた全日本学生体重別団体優勝大会の準決勝。日体大対国士舘大戦で、主審と副審、ジュリー（審判員と試合の流れを監督する審判委員）の重大なミスがあった。

国士舘大の選手が後ろ袈裟固めで日体大選手を抑えたが、これを三者とも見逃し、途中で主審が「待て」をかけて両者を分けた。審判団が協議し、審判委員長の「抑え込みは成立していた」との判断で組みなおして再開したものの抑え込みが解け、結局引き分けになった。国士舘大の選手は一七秒抑えており、「待て」がなければ残り時間も少なかったので「一本」か「技あり」を取得していたように見えた。試合は、つづく対戦で日体大の選手が勝ち、勝敗は二対二となったが、内容差により日体大が優勝した。

この試合の審判団のミスについて一八年一二月二一日の第二回臨時評議員会で大迫明伸審判長が審判団のペナルティを発表した。それぞれ降格処分になったが、審判長と審判員個人が話し合って「了承してもらった」（大迫）というものだった。

これに、監事だった山口が異議を唱えた。

「現在の審判員規程には降格の処分規定はない。とすれば何をもって降格にしたのか。降格するなら一旦、保留にしておいてきちんと規定をつくってから決めるべきではなかったか」

これを受けて中里（専務理事）が、

「審判員規程の第六条には審判員としてふさわしくない言動、不適切な行動があった場合は審判員の資格を停止させることができると書いてある。本人も納得しているのでこれを援用していいのではないか」

と答えた。

山口は、

「六条は処分規定であり、技術的なミスでの降格とは意味が違う。処分と降格は分けて考えるべきだ」

と反論したが、同調する評議員は少なく、司会者が議事進行を促したため処分規定にない降格が決まった。おかしな話である。一度の判定ミスを咎められて降格するなどという競技はほかにあるだろうか。大相撲だってプロ野球だって、行司差し違えも、セーフをアウトとジャッジしても、注意がせいぜいだろう。それをいきなりの降格とは、まるでみせしめである。ましてや、「本人が納得している」とは、なにをか況《いわ》んやである。これではルールなどあって無きが如きだ。

そのうえ、ルールがないのだからつくってから対処すべきだというと、うるさいとばかりに議事進行をいそぐ。厳密にルール上で解決をはかるということを、習慣づけて近代的組織化をはかる意欲がないのである。日本柔道界は、もしかすると日本のスポーツ界でもっとも遅れた前近代的体質を残しているのかもしれない。目上と上段者絶対といい、暴力頻発といい、また、こうしたルール「適用（乱用）」といい、近代的な組織としての体を成していないのである。

長年、こうして柔道一家主義的な身内偏重でルールをないがしろにし、あいまい、なれ合いでやってきたからこそ、全柔連は暴力根絶宣言をくり返し出さなくてはいけない羽目に陥り、国からの援助金を何回も不正に受給、使用して処分されてきたのだろう。全柔連は二〇〇〇年にも国庫補助金やスポーツ振興基金から三〇〇〇万円以上の不正受給をやっている。自分の組織のルールも無視する団体が他の約束事を守るはずがない。

山口が指摘したのは、たんに審判員の降格問題ではないことを知るべきだろう。もっとも、それが分からないから遠ざけているのだろうが。

ＪＯＣ理事会の報道陣締め出し、非公開に反対

二〇二一年六月二五日、ＪＯＣは山下を会長に再任した。理事三〇人のうち女性が一三人と、「ガバナンスコード」で目標として定める四〇％を超えたが、「朝日」は、「二期目を迎えた山下体制には組織運営の透明性が求められる」（二六日付）と報じた。新体制発足の、ほかでもないオリンピックを直前にした、そのもっとも主要な組織の「課題」としてはいささか奇妙な、そぐわないものを提起した。

なぜ、透明性が問題になったのか。きっかけは、事務局がサイバー攻撃を受けて業務を停止し、三〇〇〇万円をかけてパソコンを入れ替えたが、「情報漏洩の痕跡がなかった」として、山下会長が事実の公表、理事会への報告を見送ったことにある。名誉委員（当然、山下の上位者である）から、「内部処理はよくない、少なくとも第三者の調査を受けるべき」と指摘された。「朝日」の記事は、山下の提案ではじまった理事会の非公開も問題にした。

コロナ禍への国民多数の懸念をよそに、二〇二〇東京オリンピック・パラリンピックに

政府・関係者・マスコミこぞって脇目も振らない様子を見せているなかで、「朝日」はJOC（日本オリンピック委員会）に、「課題は透明性」と突きつけているのである。言葉を替えれば、それほど山下JOCは不透明きわまりないということなのだ。

ふり返れば二〇一九年六月二七日の理事会・評議委員会で、新会長に就任した山下は九月からの理事会を報道陣には非公開にすると発表した。

JOCは古くからある組織ではない。戦後すぐにその設立を目指したが、政府から財団法人として認可されたのは一九八九年、特定公益法人として認められたのはその二年後、一九九一年のことである。そして、その当初から、人事問題など一部を除いては公開されてきた。後発の組織としては、旧弊慣習に染められた組織との「近代」差を示す意味もあった。

そういう歴史的背景を知ってか知らずか、山下は、わざわざ旧弊を組織に持ち込み、「公の席で話せない内容が多く本音で議論できないから」と、理事会を非公開にした。これに反対したのは、山口香（柔道）、高橋尚子（陸上競技）、山崎浩子（新体操）、小谷実可子（アーティスティック・スイミング）の四人の女性理事だけだった（「朝日」二〇一九年八月九日付）。

その秘密、隠ぺい体質が、JOCという看板を掲げる組織でありながら、オリンピック渦中といってよい時期に、喫緊の重要課題だと突きつけられている意味を山下JOCはもっと深刻に考えるべきだろう。「朝日」はやみくもに問題提起しているのではないと私は思う。

さらに指摘するなら、ＪＯＣでも全柔連でも、山下はなぜそれほどにも「非公開」にこだわるかを、真剣に考えてもらいたい。オープンにするかしないかは、「度量」の問題ではない。民主主義の問題なのであって、それが身についているかどうかなのである。オリンピックの日本の責任者として、日本柔道の指導者として、また一アスリートとして、さらに一個の人間として、民主主義者であることはかけがえないものである。そこが腹の底にしっかりと決まっていれば、女性蔑視発言に断固として抗議したであろう。

私がいま山下に求めるのは、そうした姿勢である。

一五人の告発女子選手を守り切る

話を山口香に戻せば、二〇一三年の事件に触れないわけにはいかない。

二月四日、全日本国際強化女子選手一五人がＪＯＣに宛てた、「皆様へ」と題する告発文を発表した。所属の全柔連宛てではなかったのは、「私たちの声は全柔連の内部では聞き入れられることなく封殺されました」（告発文）からである。選手たちの要請を受けて、三〇年以上スポーツ問題で発言しつづけ、日本スポーツ法学会理事だった辻口信良弁護士が同日、記者会見を開いて告発文を公表した。

告発文は、園田隆二全日本女子監督の暴力指導やハラスメントとともに、問題を指摘しても一向に処理しないで隠ぺいしようとする全柔連の体質も告発した。

一五人の名は未だに公表はされていないが、女子七階級のトップクラスの選手はほとんど名を連ねていると思われる。このとき、名前を出さないのは卑怯だなどというJOCの女性理事の指摘もあったが、山口は毅然として「氏名の公表は時期尚早」と主張し、外部からの雑音をシャットアウトし選手たちを守った。当初は選手名の公表も考えていた辻口弁護士も山口に同調し、選手の不安を最小限にとどめることに細心の注意を払った。これは正解だった。氏名を公表すれば、バッシングの嵐に遭い、必ず二次被害にさらされていただろう。

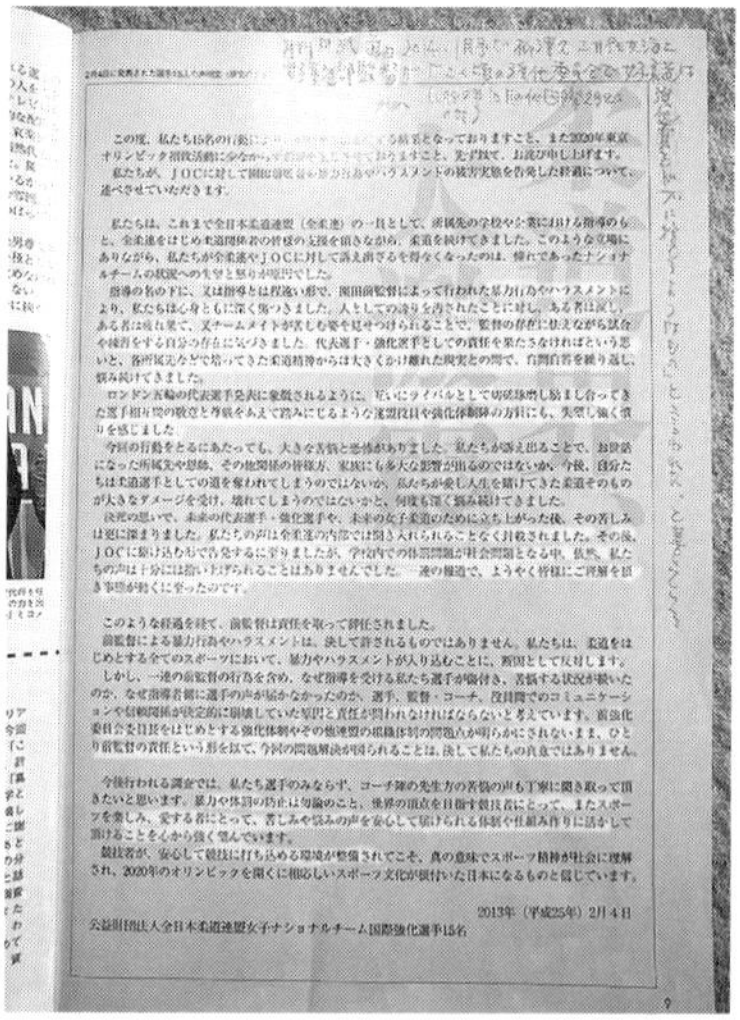

ＪＯＣに女子監督の暴力やパワハラを訴えた15女子選手の「皆様へ」と題する告発状（『近代柔道』13年３月号）。

山口は選手たちのアドバイザーとして助力した。選手たちにとって、信用できない全柔連に代わって、ＪＯＣの女性スポーツ専門部会長の山口は最後の頼みの綱だった。「今回の行動をとるにあたっても大きな苦悩と恐怖がありました」（告発文）という女子選手たちは、山口という正義と道理の前には何ものにもひるまない存在に助けられたといってもよい。

そして山口はいなくなった。

柔道界初の女性理事選任の項で述べたように、二〇一九年六月二一日、全柔連は評議員会を開き、二九人の理事を選んだ。監事の山口は任期満了となり、退任した。しかし、山口は理事には選ばれなかった。

これは柔道界の七不思議などというアバウトなものではなく、二〇一三年に日本柔道界初の女性理事誕生に山口の名がなかったように、山下全柔連にもそれは踏襲されている。しかし、はたしてそれで風通しのよい日本柔道界になるのだろうか。気に入らないものは外す、というようなまるで稚戯に等しいことがいつまで続けられると思っているのだろう。結局それは、因循、固陋、頑迷な男中心のタテ社会を維持することにしかならない。そのような柔道界に子どもたちは魅力を感じるだろうか。気づいたときには柔道をやる若者はひとりもいなくなっていた、ではあまりにお粗末すぎよう。

【III】山下全柔連が抱えるさまざまな課題（1）

山下は二〇二一年六月末、全柔連会長として三期目に入った。二〇一七年六月に会長に就任し、「最後の切り札」ともいわれて、一三年の事件を受けて日本柔道界の改革に力を注いだ宗岡正二の残した課題に挑んできた。

①暴力の根絶、②重大事故の根絶、③柔道登録人口の拡大、④男性優位、男尊女卑の改善、⑤子どもたちがあこがれる柔道界の創出、⑥品位の向上、⑦学生柔道家の学業との両立、⑧ポスト山下の育成などが山下全柔連に課せられた大きな課題だった。なかでも最大の懸案は暴力根絶だったが、根絶どころか少なくなってもいないで現在に至っている。最近でも兵庫県立飾磨工業高校の指導者が暴力行為で停職処分になったり（二〇年三月）、同じく兵庫県宝塚市の長尾中学校の柔道部顧問は暴力行為で逮捕されている（二〇年九月）。日本柔道界における暴力根絶は長年の課題である。山下泰裕はこれを解決できるか。

以下、山下全柔連の抱える問題、課題を抽出してみた。

暴力一掃と「暴力根絶宣言」

全柔連は二〇一三年八月一四日、全日本国際強化女子選手の暴力「指導」告発を受け、「暴力根絶宣言」を出した。

「柔道指導者はもとより柔道を行うすべての者は理由の如何を問わずいかなる暴力行為も行わず、また、周囲の者もいかなる暴力行為を黙認せず柔道の場からのあらゆる暴力行為の根絶に努める」

と高らかに謳いあげた。

同年一一月一五日の第四回臨時評議員会でも、新しく会長になった宗岡は、「柔道界を変えるべきもの」として、「柔道界の暴力、助成金の不正利用、全柔連の組織運営上のコンプライアンス」などをあげた。とくに暴力問題には、「暴力があったなら迅速かつ厳正に対処する」ことを強調した（「開会のあいさつ」＝『近代柔道』二〇一四年一月号）。

一三年七月一四日に開かれたNPO法人柔道教育ソリダリティ（山下が理事長）主催の「暴力の根絶プロジェクト・パネルディスカッション」では、日本柔道界の暴力が顕在

全日本柔道連盟のページ　ALL JAPAN JUDO FEDERATION

暴力根絶宣言について

当連盟では、2013年4月、「暴力の根絶」プロジェクトを立ち上げ、山下泰裕リーダーを筆頭に大会会場や講演会等あらゆる場面において、暴力根絶に関する活動を行ってまいりました。そして、「暴力根絶宣言」を定め、啓発活動の一環としてポスターを製作。今後も、いかなる暴力も許さない強い態度で暴力根絶活動に取り組んでまいる所存であります。以下に暴力根絶宣言、ポスターを明記いたします。

暴力根絶宣言

柔道は人間教育

○柔道指導者はもとより、柔道を行うすべての者は、理由の如何を問わず、いかなる暴力行為も行わず、また周囲の者も、いかなる暴力行為を黙認せず、柔道の場からのあらゆる暴力行為の根絶に努める。

以上
2013年8月14日
公益財団法人全日本柔道連盟

2014年柔道競技手帳 申込受付について

◆問合わせ先
全日本柔道連盟・総務課
（TEL：03−3818−4199）
◆FAXでお申込み
全日本柔道連盟・経理課宛て
（FAX：03−3812−3995）

10月30日〜11月1日／グランプリ・チンタオ（中国）

「柔道は人間教育」—第１回の暴力根絶宣言は13年８月14日に発表された（『近代柔道』13年11月号）。

化した。司会の宮嶋泰子（テレビ朝日編成制作局アナウンス部兼編成部上級マネージャー）が三〇〇人の指導者（ほとんど男性）に質問したところ、大半が暴力を「見た」か、「経験した」だった。暴力を受けたことは「ない」と答えたのはたった二人。いかに日本柔道界と暴力が結びついているかがよく分かるシーンだった。

全柔連は「根絶宣言」以降、ポスターや大会プログラムなどで暴力根絶を訴え、目安箱やコンプライアンス・ホットラインなどを設置して暴力を受けたときにすぐ通報できるようなシステムを構築した。

だが、暴力は一向になくならない。

「根絶宣言」の直後にも、帝京科学大柔道部では上級生の下級生への体罰・暴力が

暴 力 行 為 根 絶 宣 言

全日本柔道連盟は、2013年８月に「暴力行為根絶宣言」を発出し、柔道における暴力の存在は決して許されるものではなく、柔道指導者はもとより柔道を行うすべての者に対し、いかなる暴力行為も行わないことを強く求めてきた。

しかし、一時は改善の兆しを見せたかに思えた暴力行為問題であったが、「選手の能力向上のためには指導の中で暴力も必要である」と妄信する指導者や年長者による暴力行為は収まることがなく、上記宣言以降も、多くの暴力等事案を全日本柔道連盟における処分の対象としてきた。

上記のような状況が続く中、本年９月には、兵庫県内の中学校において、柔道部顧問である教師が、柔道部員に暴力行為を加え、大けがを負わせる事件が発生した。この事件に象徴されるように、近年、今回の事件のような身体的暴力のみならず、言葉や態度による威嚇、威圧、人格の否定、いじめなどの行為が後を絶たず、誠に慚愧に堪えない。

嘉納治五郎師範は、「精力善用（善を目的に心身の力を最も有効に使用すること）」「自他共栄（自分と他人との調和をはかり、お互いが繁栄して行くようにすること）」を柔道の根本に据え、日々鍛錬し技を磨く中で、心の修養に努め、「自己を完成し、世の中の役に立つ人になる」という究極の目的に向かって努力して行くことが最も大切だとしている。柔道に高い精神性を求められたのであり、柔道に暴力は決して存在してはならず、暴力と柔道は、決して相いれないものである。

以上を踏まえ、全日本柔道連盟は、全柔道人の総意として、再度、暴力行為根絶を以下のとおり宣言する。

1　柔道指導者は、柔道に暴力は決して存在してはならないことを理解し、殴る、蹴るなどの身体的暴力はもちろん、威圧や脅迫、暴言等の精神的な暴力も、自らの主観的意図にかかわらず、決して許されないものであることを強く自覚する。また、いわゆる愛の鞭なる言葉で美化される暴力などは、決して柔道と相いれないものであることを強く認識する。

2　柔道指導者は、選手を強化するためには暴力による指導もやむを得ない、自分たちもそのような指導を受けて育成されてきたなどという誤った認識を捨て、暴力による強制と服従では、自律的で優れた競技者や強いチームの育成を図ることはできないことを強く認識する。更に、指導を受ける者の資質やニーズを考慮し、常に、指導を受ける者とコミュニケーションを図り、信頼関係を構築し、指導を受ける者が、主体的に競技力を高めるために必要な練習方法等を考え、判断することのできる能力を向上させるように努める。

3　柔道指導者はもとより、柔道を行う全ての者は、いかなる身体的・精神的暴力も行わず、また、いかなる暴力行為も黙認せず、柔道の場からのあらゆる暴力の根絶に努める。

全日本柔道連盟は、本宣言発出後も、上記暴力行為等を行った者に対しては、これまで以上に厳しい処分で臨むことを宣言する。

２０２０年１０月３０日
公益財団法人全日本柔道連盟
会 長　山 下 泰 裕

第２回の暴力根絶宣言（20年10月30日）。

たびたび起き、一六年二月に表面化した。全柔連は三月三日にこの件で懲戒委員会を開き、上級生と暴力を指示した前柔道部長O・Yを処分した。

一四年には強豪柔道部を持つ都内の有名大学の先輩が一年生を殴ってけがを負わせている。一年生は退学して郷里に帰ってしまった。これは全柔連も知っていたが表面化することはなかった。この件では私は一年生の自宅に電話をしたが、母親は「もう済んだことなのでことを荒げないでほしい」と詳細を語らず電話は切られた。

全柔連は、「根絶宣言」以降の暴力事件の実態を確認するように、二〇一七年六月二三日の評議員会に処分一覧表を議案に付したが、それによると処分件数で二〇件あった。都内有名大の事件のように、処分されない、目に見えない（あるいは見えていても問題にしない）暴力や体罰はもっとあると思われる。日常茶飯事なのであるが、それでも、宗岡会長らのできるだけ可視化し、根絶しようという意欲はうかがえた。

宗岡の後を継いだ山下が全柔連会長になってからも、暴力を理由とする日本柔道界初の除名処分をおこなっている。

二〇年九月、兵庫県宝塚市の長尾中学の柔道部顧問だったU・T（教諭）は、差し入れのアイスクリームを生徒が食べたのに激昂して道場で投げる、絞めるを繰り返し、必死に謝る生徒に全治三ヵ月の重傷を負わせた。顧問は逮捕され、懲戒免職となった。現場にいてU・Tの暴力を止めなかった副顧問の教員も減給処分になった。全柔連はこの顧問を全柔連史上初めて暴力事件による除名処分にした。全柔連の創設は一九四九年五月だが、七〇年以上も暴力や体罰による除名者がいなかったことの方に、むしろ問題があることをうかがわせる。

この件で山下全柔連は、二回目の「暴力根絶宣言」を出すことになった。「宣言」は、「（一回目の根絶宣言を発出して以来）一時は改善の兆しを見せたかのように思えた暴力行為問題であったが、『選手の能力向上には指導の中でも暴力も必要である』と妄信する指導者や年長者による暴力行為は収まることがなく、上記宣言（一回目＝一三年八月一四日）以降も多くの暴力等事案を全日本柔道連盟における処分の対象としてきた」と暴力問題が全く払拭されていないことを認めた。全柔連あげて、といってもいい暴力根絶宣言が一〇年ももたずに再び宣言しなければならないほど、暴力問題は宿痾のように日本柔道界に巣喰っているといっていい。

暴力がなくならない理由の一つに、ペナルティの軽さがある。加害者が一向に痛痒を感じないのである。

二回目の「宣言」で山下は、「上記暴力行為を行った者に対してはこれまで以上に厳しい処分で臨むことを宣言する」と述べているが、門下生の顔面を蹴って重傷を負わせてもこれまではたかだか一年間の〝指導者資格停止〟程度であったことが問題なのである。指導者資格が剥奪されるわけではないので、一年後には復帰できる。資格停止といっても、自宅に道場を持っていると、監視しているわけではないので指導したか、しないかは外部の者には分からない。直接口出ししなくても、独り言をいうことはできる。要するに、大甘な処分に加えて抜け道だらけなのである。

ペナルティに頼るのがいいとは思わないが、加害者が頭を掻いて苦笑する程度ですむペナルティは、まったく意味を成さないのである。山下全柔連の「厳しい処分」がどのように展開されるか、注目される。

副顧問はなぜ暴力を止められなかったのか

長尾中学の事件にもう少しふれると、副顧問がなぜすさまじい暴力を止めなかったのか、正確にいうと、なぜ止められなかったか、という点である。顧問は五〇歳、副顧問は四二歳という年齢差に加えて正—副という関係。こういう場合、日本柔道界は目下の者が目上に向かって何かものがいえる社会ではない。そこに、他のスポーツ界にはない強烈なタテ社会がある。

男社会で先輩─後輩、高段者─低段者、強い─弱い、組織の幹部─平などが主─従、支配─被支配の原点になる。あらゆる場面でこのタテ関係が機能している。副顧問に同情の余地があるとすれば、彼もまた日本柔道界の規範の犠牲になり、悪者になってしまったことである。そこに、一個の人間とか一教員とかの別の価値規範が入り込む隙間がない。彼は、生徒一人が大けがを負っているのに教員として生徒を守る勇気はでなかったのである。

二〇一三年の全日本女子監督が強化女子選手に暴力をふるった事件当時、山下は理事だったがこう語っている。

「(暴力は)止めろ……まずいぞと周りがいえる雰囲気がなかったことに問題がある」(『近代柔道』一三年三月号)。

まったくその通りだが、これは現場を知っている山下の外向けの理想論に過ぎない。全日本監督に向かってコーチや選手が「止めろ」などといえる雰囲気など日本柔道界にはない。そんなものが存在しているなら、暴力やそれによるけがなど断然、少なくなっていたはずだ。

内部通報制度と裁判

先にも述べたが、二〇二一年二月九日、東京地裁で一つの和解が成った。福岡市の男性とその父親が柔道事故の際の内部通報に関して全柔連が不適切な対応をしたとして訴えていた訴訟である。

この訴訟は一四年に始まる。福岡市内の道場の指導者が当時中学生だった門下生のU君を片羽絞めで絞め落とした。U君とその父親が精神的肉体的苦痛を受けたとして福岡地裁に提訴した。判決は「指導のためとはいえ完全に正当化することは困難であり、違法との評価を免れない」だった。指導員側はこれを不服として控訴したが高裁は却下。最高裁も受理せず、「指導」に名を借りた暴力行為を違法とする地裁判決が確定した。

その後U君側は、この一件に関してその対応が不適切であったとして全柔連を訴えた。

絞め落としがお互いに教える、教わるとい

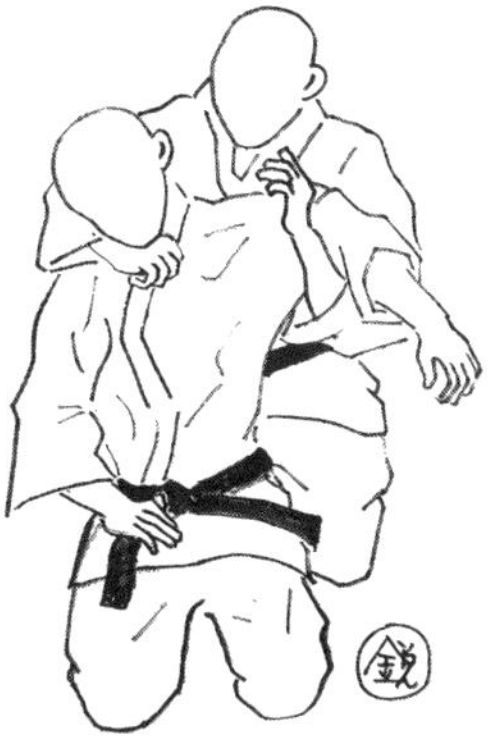

片羽絞め。特殊な絞め技だ。

う意思の疎通があった指導ではなく一方的な暴力的指導であり、福岡県協会所属の指導員を福岡県柔道協会に調査させた全柔連のやり方を納得できないとした。また、裁判時の全柔連側の対応は被害者の立場に立たず、内部通報制度は有名無実だ、とも指摘した。

東京地裁の和解の条件は、ホットラインの通告があった場合、全柔連は、「その案件について加盟団体に調査や処分をゆだねる場合の具体的な基準を決める」「指導の名を借りた暴力などが起こることがないようにすべての柔道関係者に指針を示すなどして暴力の根絶に努める」となっている。全柔連はこれまで、調査の依頼は全柔連に指名権があるとしてきたが、一年をめどに調査や処分などを実施する場合の基準を決めなければならないとされたのである。つまり、事件・事故が起きた場合に、従来はその調査を全柔連が各都道府県連盟に指示できるとしてきた規定をあらためよと通告したのである。

一年後（二二年二月）までに全柔連がどのような基準案を提示するのか注視しなくてはならない。

暴力と指導

この福岡の事件に対して見落としてならないのは、全柔連の「指導」についての考え方である。

「中学柔道には絞め技オーケーのルールがある。指導者はこのルールに従って技をかけたのだから違反はしていない。指導の一環だ」（中里壮也専務理事）

というのが全柔連の認識だった。今回、それが否定されたわけだが、ルールがあるから違法ではないと単純にはいえない。全柔連は絞め落としを「指導」と呼ぶが、「指導」とは何かを正確にしておかなければならない。

指導とは、原則的には指導者が「今日はお前に絞め技を教えるよ」、「はい分かりました。教えてください」とお互いの意思が疎通している状態をいう。これが大前提だ。だが福岡の場合、それは全くなかった。いきなり道場へ中学生を引っ張り出して絞め落とした。これは指導ではない。制裁だ。

絞め落としの伏線は小学生の母親が「U君が小学生に絞め技を使っている」との訴えを指導者が信じたことだ。U君が「全く知らない」と釈明しているにもかかわらず、調べもせず、聞く耳も持たなかった。事実を確認する意思すら見せなかったのだから、その点では、制裁にもあたらない。いじめである。

これまでも、先輩や上級生が下級生を絞め落としたり関節をきめたりして問題になった場合は、ほとんどが指導の名を借りた暴力・制裁・いじめだった。お互いに柔道衣を着て道場に入ったら、制裁であっても「指導の一環」で済まされてきたのである。被害者が訴えても裁判では指導ではなかったという証明が難しく、被害者の多くが悔しい思いを繰り返してきた。

東京地裁が示した和解条件は、「被告（全柔連）は柔道において暴力事件が起こらないように柔道指導者をはじめとするすべての柔道関係者に指針を示すなどして注意を喚起し、暴力の根絶に努める」と厳しくいい渡している。

絞め落としの技は特異な絞め方

この指導者が中学生を絞めた技は片羽絞めというもので、非常に特異な絞めわざである。試合できまったことは滅多にない。二〇一九年の講道館杯で、四八キログラム級の若手のホープ古賀若菜（南筑高三年）がこの技で勝っているが、長年柔道の取材をしている私も初めて見る決まり技だった。

この技について、元国際武道大教授で一九八一年オランダ・マーストリヒト世界大会六五キログラム級金メダリストの柏崎克彦は、「片羽絞めはうんと実力差がないと決まらない。私だってこの技で一本とったことはないよ」という。寝技の大家がこういっている。絞め方は、相手の背後から相手の片方の腕をすくい上げて絞めるのだが、脇下をすくうときに相手が警戒すれば手を突っ込めないし、逆に自分の肘を極められる危険がある。中学生の初心者に教える技ではない。それを使ったのだから、絶対優位を確保しながら、この指導者は技を試したかったのだろう。裁判ではこうした観点は検証されなかった。

柔道は技が多彩で素人では分からない技の理合い（こう動きこうすれば、この技がかけられる、決まる、という合理性をいう）がある。裁判官がこの絞め技が非常に特殊な技だということを認識していれば、「なぜそんな技を使ったのか」と疑問を抱くこともできたかもしれない。そうすれば、いかに理不尽な「指導」だったことも明らかになったはずだと思う。

良質の指導者育成が喫緊

日本柔道界の暴力事件は、指導者によるものが圧倒的に多い。指導者が上級生に指示して下級生に暴力をふるわせる事例もある。柔道界の暴力根絶の喫緊の課題は、良質の指導者育成にあるといって過言でない。

「柔道は人間づくりだ」と大方の指導者はいう。嘉納治五郎師範は、「柔道を解している者はみだりに忿怒することはないはずである。忿怒することは惰性が理性を支配して、人が冷静の精神状態を失ったときに生ずる現象である」（『嘉納治五郎師範の言葉』講道館発行）

という言葉を残している。

柔道界は強い、強かったというだけで一目置かれることが多い。高段者は低段者に対してつねに優位にあり、実績をあげた人物は何らかの部署で指導的立場になるケースが多い。だが、柔道が強いことと指導者として良質で有能であるということとは違う。この当たり前の論理が、柔道界では通用しない。強い—高段—偉い＝が混然一体化して人物評価になっている。教え子を性の対象としてもてあそび、除名された元オリンピック金メダリストもいるが、反例にならない。

嘉納師範は柔道の目的を「体育、勝負、修心（知力、徳性、柔道で学んだものを社会に応用すること）」と規定した。柔道の本質を語るならこの修心こそ最も大切な目的のはずだが、全柔連はこれを付けたしのように考え、指導にも重きを置いてこなかった。勝負、勝負の勝利至上主義できたツケが今日の柔道界に回されているといってよい。

嘉納治五郎の提唱する柔道の原点にしっかりと立って、それをひろく普及する指導者を育てていかなくてはならない。

柔道指導者に何より求められるのは、柔道の実践的な力を向上させるとともに、トータルとしての柔道を理解し、教えるためのみずからの人格形成であろうと思う。わが国の憲法第一三条は、「すべて国民は個人として尊重される」とうたっている。日本「国民」と限定しているところに問題はあるとしても、ここで大事なことは、尊重される「個人」にどうなっていくか、ということである。○○家の××、あるいは、○○道場の××として

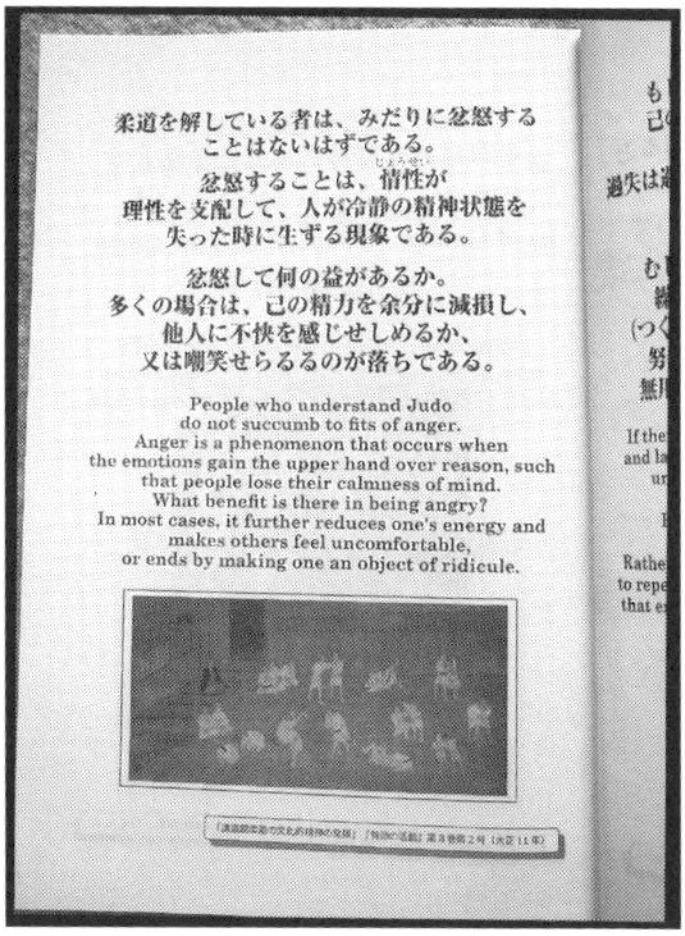

「柔道を解している者はみだりに忿怒することはないはずである」
と説く嘉納治五郎師範の言葉が載った
小冊子『嘉納治五郎師範の言葉』と表紙（講道館発行）。

尊重されるのではない、ということなのである。

柔道もまた一つの競技であるから、勝者がいれば敗者がいる。だが、あるスポーツ競技の指導者は、試合に敗者はいないという。勝つ者と、もう一人は次に勝つために課題を提起された者がいるだけだという。そのように「敗者」をとらえて指導することは、選手を鼓舞し、意欲と努力の方向、目的をもたせる。競技者はたったひとりを除いてはすべて敗者である。すべて次の課題を与えられた者たちである。ならば、よし、次へ、と選手、競技者たちが柔道に励むのを後押しし、柔道を好きにするのが指導者のもっとも肝心なことである。

負けたことを自分の指導通りにしないからだと罵声を浴びせ、あげくに殴る、蹴るなど、愚の骨頂である。そういう指導者は、柔道界から一掃しなくてはいけない。

指導者資格の彼我の差

柔道の指導者といえば町道場の道場主、中学・高校・大学の主として体育系教師、警察道場の指導者、地域や企業がおこなっているクラブのコーチなどがあげられる。

そうした人たちが一貫性を持って指導にあたり、たとえば、小学生時代は柔道の面白さを教え、中学時代は工夫することを教え、高校、大学時代は柔道を通して人生の何たるかも教える、社会人になれば競技だけでなく人生の楽しみに汗を流し、また後進に柔道の楽しみ、柔道を通した人間関係の深まり、ひろがりを語る……、そういう一つの大きな流れがシステムとして機能するようになれば、柔道をやりたいという人の増加も望める。

そのためには全柔連は、そうしたシステムの構築と、だからこそ指導者資格を厳格にして、日本柔道の再生、活性化を図っていくことが今求められている。

フランスで指導経験がある溝口紀子は、著書『日本の柔道　フランスのＪＵＤＯ』（高文研）で、「フランスでは柔道指導者資格は国家資格であり、指導者の質・処遇、職責が保証され、安定したクラブ経営ができる。だからこそ、子供の柔道事故はゼロで安全な指導法の下、選手強化も行える」

と述べている。

指導者の育成でも、フランスなどは大学受験

フランスでナショナルチームの指導経験がある溝口氏は現在社会学者として活躍している。写真：本人提供

並みの勉強をやる。二〇〇六年にフランスの柔道事情を視察した濱田初幸（鹿屋体育大教授）は、二〇一三年に全柔連が暴力問題や助成金の不正利用で大揺れに揺れていたとき、次のように語っていた。

「フランスでは難しい国家試験（ブルベルタ）に合格して初めて指導者になることができる。試験は五段階に分かれていて解剖学、生理学、精神教育学、法律学、柔道理論、実技、歴史など教科は多岐にわたる。七〇点から八〇点とらないと合格しない。浪人まで出る高レベルだ」（『近代柔道』一三年四月号）。

ロンドン五輪の金メダリスト、L・デコス選手（フランス）は一三年に引退したが、翌一四年五月に来日したときに、「いま、指導者資格をとるために勉強している。一年くらいの浪人は覚悟している」と語っていた。

日本では、初段くらいでも全柔連に加盟しなくても指導者資格がなくても自分で道場をつくり教えても、そこに習いにいく子どもがいるかどうかは別にして罪にはならない。指導はできる。

柔道の登録人口が減っていることは後述の「右肩下がりの柔道登録人口」で詳細に分析しているが、指導者の質が柔道人口減の一要因であることは疑いない。

小さな町道場や中・高のクラブで楽しく柔道をやらせているところもあるが、多くの道場やクラブは県大会や全国大会を目指して稽古している。そんな道場では、子どもを殴ったり、減量などをやらせる指導者もいる。中学・高校などの強豪チームは、選手は寮や監督の自宅などで団体生活をしているので、指導者が一人ひとりの選手をよく目配りしていないといじめが起き、ドロップアウトしていく選手も出る。

いま活躍している一流選手でも、小さいときに指導者から殴られたと告白する選手は多い。強くなるための指導が優先されて、選手の人権や人格など二の次になっている。

日本の、公認柔道指導者資格制度規程は指導者はA、B、C、準指導員に分かれ、Aは二〇歳、三段以上で、全柔連の実施する講習会を受け、検定試験に合格して資格が付与される。ただ、その内容はフランスとは雲泥の差だ。日本では柔道の歴史、嘉納師範の教え、柔道の教育的価値、実技の注意点などだが、フランスのような法律学や解剖学などはない。合格水準も六〇点以上とやや低めだ。受講者はほとんど合格する。

指導者資格制度をもっと現実の日本柔道界に照らして、根本的にあらためていく必要があるだろう。

「ルネッサンス運動」と暴力根絶の関係

講道館と全柔連合同のプロジェクト「柔道ルネッサンス」は、二〇〇一年六月七日の二〇〇〇年度第一回評議員会で推進していくことが決まった。柔道を通じて人間教育をおこなうことが主旨で、柔道が勝ち負けのみが注目されるようになってきた弊害を、もう一度原点に立ち返って人間教育を重視する柔道に回帰しようという運動だった。

以後、大会前や休憩時間に多くの柔道人や小・中・高校生、大学生らがスピーチをおこなった。だがその中身は、トイレのスリッパを揃えたとかあいさつがよくできたといった当たり前の話が多く、大人も礼法を守ろうとか、他人を思いやる心が大切、学生は勉強もやれなど、ごくふつうのスピーチが多かった。全柔連はポスターや標語を募り、全国の連盟や協会へ送ってキャンペーンをおこなった。運動に積極的に参加したとして地方の柔道連盟を表彰した。

運動は二〇一〇年に終了した。ところが、「四、五年であっという間に勝ってなんぼの柔道界に戻ってしまった」（二〇一七年六月一三日、「フォーラムエイト」設立三〇周年記念講演）と山下が語ったように、「ルネッサンス」が終わると大会会場には空き缶、ドリンクのボトル、ティッシュ、タオル、サンダル、トレーナーなどが散乱した。小学校から大人の大会まで、量の多少はあったものの共通した現象だった。

一〇年やって得た成果はあっという間になくなった。大会会場から帰るときに、「自分の持ち物やごみは持って帰れよ」と一言いう指導者はほとんどいなくなった。

ルネッサンス宣言二〇一〇の冒頭には「指導者自らが襟を正し、己を完成し、世を補益することを実践します」とあるが、柔道界のルネッサンスで喫緊の課題である暴力追放のスピーチや具体的運動の発表はなかった。暴力、いじめ、しごき、体罰、女性蔑視などなどはすべてスルーされていた。山下の恩師・佐藤宣践（全日本学生柔道連盟会長）は「この活動が終わってわずか二年間で状況は元に戻ってしまった」（『柔道をよくしよう』一六年七月、全柔連発行）と述懐している。

肝心要のことを抜きにしては、いくらかけ声が大きくても成功がおぼつかない一例である。

指導者の選手囲い込みと暴力の容認

日本柔道界はおかしなところだ。選手がいくら長じても小・中学時代の指導者はいつまでも指導者なのである。指導者のほうも、自分が教えた選手は自分の支配下にあるものとしてその選手が何歳になってもあれこれと口出しする。いわゆる親離れ子離れは、柔道界には少ない。ウエットな関係といえる。

柔道選手はふつう、学年が進むにつれ時代に応じて、何人もの指導者につく。大学に進学したらそれまでの指導者はきっぱりと指導を大学側に任せれば良いのだが、「こいつは俺でなくてはダメだ」などと思い込み、つねに付きまとう。いわゆる囲い込みである。当事者も周囲もそれを容認する。その指導者に体罰指導の体質があったら、全柔連がいくら暴力反対などといっても効き目はない。

そんな例を二つ。一九九八年全日本女子選手権（愛知県武道館）は二宮美穂（コマツ）が二連勝した。だが、初戦は調子が出ず二対一の辛勝だった。試合が終わった直後、二宮は自分が育った熊本・誠道館船山塾のI塾長に強烈なびんたをもらった。

このびんたが効いたのか、その後は危なげない試合で優勝した。試合後「あれで気合が入った」と本人は肯定的に語ったが、女性がびんたされるのを見せられた私は気分が悪くなったし、腹立たしかった。

この指導者は後年、福岡政章（東海大高輪台高監督）を育てたとして二〇一四年の全日本選手権のときに表彰されている。

もう一つ。二〇〇三年の全日本柔道選手権大会は井上康生（ＡＬＳＯＫ＝東京五輪全日本男子監督）が三連覇した。このとき控室で父親に頬をひっぱたかれた。初戦の戦いぶりがダメだということのようだった。周囲には井上の出身・東海大学の関係者もいたがお構いなしだった。

このときの状況を井上は、

「うちの親父がバーンと扉を開けてやってきた。その顔を見たときにこれは来るなと思ったんです。そうしたら思った通りバチーンと顔を張られた」（『近代柔道』〇三年六月号）と語っている。

ここでよく分かるのは、「これは来るな」、「思った通り」の言葉だ。過去にも同様の経験があることを示している。それも一度や二度ではない。井上ほどの超一流選手でも囲い込まれているわけだ。

成人して所属もあり、大学時代の指導者もついているわけだし、黙って本人やそのときの指導者に任せるのが筋だと思うが、それができない。

武道には「守破離」という言葉がある。最初は指導者の教えを守る。経験と努力でそれを破り、より高みに位置する。最後には独自の境地を開いて師の元を離れていく、という修行の過程を表している。井上は全日本を連覇し、オリンピックでも金メダルを獲得している。とっくに「離」の境地に達していると考えてよい存在だ。そういう柔道家に、自分の手づくり所有物のような態度をとる――これは日本の柔道界特有の現象だ。たとえ父親で幼いときに指導したといっても、手元を離れた後はそのときの指導者に任せるという態度がとれないのか。殴ったからといって勝つわけではないし、仮に負けたらそれは本人の問題。そこから教訓を引き出せば良いのだ。そうした経験が人格をつくるだいじな土台になる。〝殴られたから勝てた〟では、自分が指導者になったときにはしょっちゅう殴っていなければならなくなる。

過去の指導者は出しゃばるな。まして殴るなどもってのほか。選手も昔の指導者に必要以上に寄りかかり甘えるのは止めたほうが良い。

全柔連幹部の暴力容認姿勢

二〇一三年一二月号の雑誌『柔道』（講道館発行）の巻頭言に、佐賀県柔道協会の中島祥雄（同会長）の記事が載っている。この時期は全柔連が新会長の元、暴力や全柔連の閉鎖的な体質を改めようと動き出していたころだ。

中島は、「指導の在り方で考えなくてはならないのは、熱意が一線を越え暴力を生むことになるのではないかということである」という。そして、二〇一三年の全日本女子監督の暴力とそれに続く騒動も「勝つことを意識しすぎた全日本女子柔道強化選手への行き過ぎた指導が原因になっている」と続ける。ところがこの後、論調が変わっていく。

「だからと言って甘い指導が少年や保護者の要求ではない」

「指導には厳しさも必要である。指導に対する匙加減が非常に難しい」

ここでは厳しさの匙加減は何かまだはっきりしない。指導―被指導の間で納得ずくの教えなら匙加減をなぜ気にするのかと思っていると、

「指導の厳しさに有形力の行使（暴力）は行き過ぎた指導といえるだろうか」

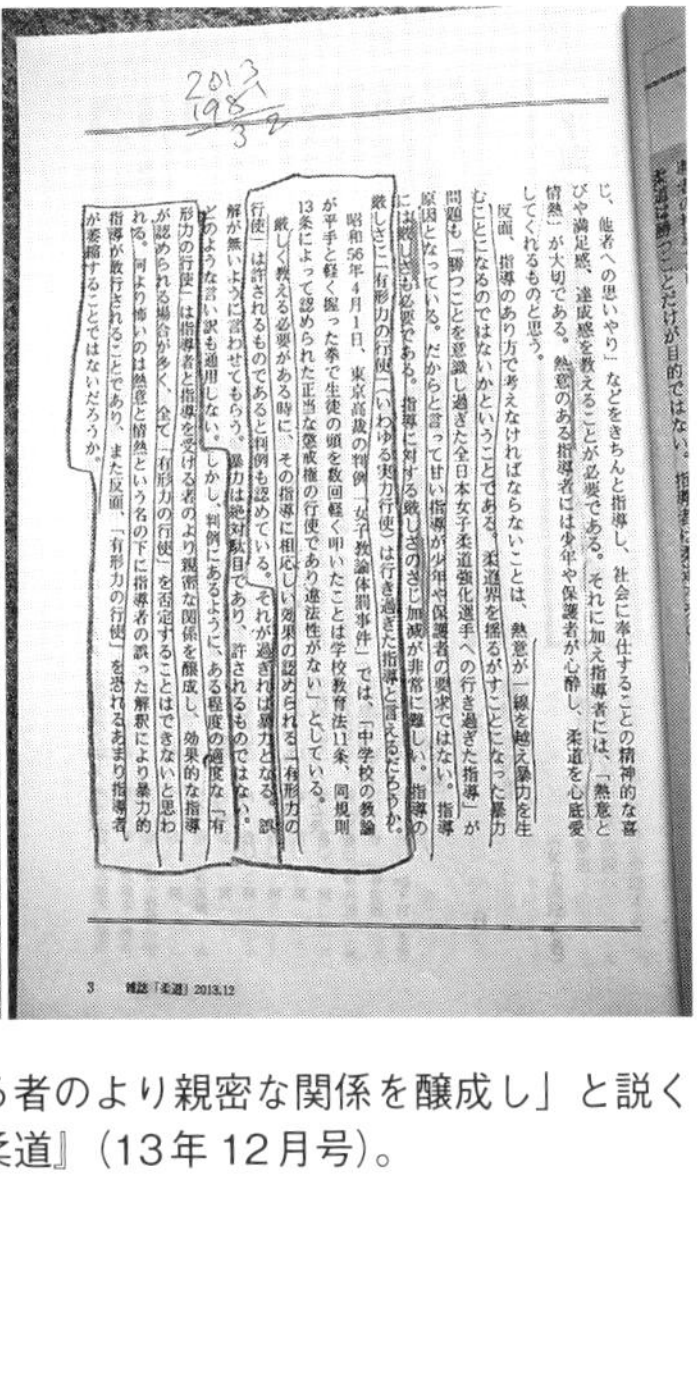
じ、他者への思いやり」などをきちんと指導し、社会に奉仕することの精神的な喜びや満足感、達成感を教えることが必要である。それに加え指導者には、「熱意と情熱」が大切である。熱意のある指導者には少年や保護者が心酔し、柔道を心底愛してくれるものと思う。

反面、指導のあり方で考えなければならないことは、熱意が一線を越え暴力を生むことになるのではないかということである。柔道界を揺るがすことになった暴力問題も「勝つことを意識し過ぎた全日本女子柔道強化選手への行き過ぎた指導」が原因となっている。だからと言って甘い指導が少年や保護者の要求ではない。指導には厳しさも必要である。指導に対する厳しさのさじ加減が非常に難しい。指導の厳しさに「有形力の行使」（いわゆる実力行使）は行き過ぎた指導と言えるだろうか。

昭和56年4月1日、東京高裁の判例「女子教諭体罰事件」では、「中学校の教諭が平手と軽く握った拳で生徒の頭を数回軽く叩いたことは学校教育法11条、同規則13条によって認められた正当な懲戒権の行使であり違法性がない」としている。厳しく教える必要がある時に、その指導に相応しい効果の認められる「有形力の行使」は許されるものであると判例も認めている。それが過ぎれば暴力となる。誤解が無いように言わせてもらう。暴力は絶対駄目であり、許されるものではない。どのような言い訳も通用しない。しかし、判例にあるように、ある程度の適度な「有形力の行使」は指導者と指導を受ける者のより親密な関係を醸成し、効果的な指導が認められる場合が多く、全て「有形力の行使」を否定することはできないと思われる。何より怖いのは熱意と情熱という名の下に指導者の誤った解釈により暴力的指導が敢行されることであり、また反面、「有形力の行使」を恐れるあまり指導者が萎縮することではないだろうか。

3　雑誌「柔道」2013.12

「有形力行使は指導者と指導を受ける者のより親密な関係を醸成し」と説く全柔連幹部の巻頭言が載った雑誌『柔道』（13年12月号）。

と中島は問い、過去の中学校で起きた女子教諭体罰事件の判例を持ち出す。そして、「厳しく教える必要があるときにその指導にふさわしい効果が認められる有形力の行使は許されるものであると判例も認めている」と判例を盾にとって有形力の行使を肯定する。

有形力とは、暴力、体罰のことだ。中島はこう結論している。

「判例にあるようにある程度適度の有形力の行使は指導者と指導を受ける者のより親密な関係を醸造し効果的な指導が認められる場合が多く、すべて有形力の行使を否定することはできないと思われる」

「有形力の行使を恐れるあまり指導者が委縮することが怖い」

と述べる。こんな論文が講道館発行の雑誌に堂々と載っている。根絶宣言に異論を唱えているようなものだ。

中島がここでいう一九八一年四月の東京高裁の女子教諭体罰事件判例は、学校教育法に関するもので教員には懲戒権があることを認めたものだが、これには「肉体的苦痛を伴わないもの」という厳密な縛りがある。まして教員ではない市井の柔道指導者に「有形力の行使」などまったく認めてはいないのである。

全柔連はいかなる暴力も認めていない。「愛の鞭なる言葉で美化される暴力などはけして柔道とは相いれない」（二〇二〇年一〇月三〇日、二度目の暴力行為根絶宣言）と宣言している。

この巻頭言については、望月浩一郎（弁護士、スポーツ法学会理事）が一三年一二月一一日のブログできびしく批判した。だが、講道館や全柔連で問題になったことはない。

殴らなくても日本一になれる

二〇二〇年一〇月三〇日に山下全柔連が出した二回目の「暴力行為根絶宣言」では、一回目の「根絶宣言」（一三年八月）以来、「指導者や年長者による暴力行為は収まることがなく上記宣言以降も多くの暴力等事案を全柔連における処分の対象としてきた」と憂えた。

だが、一切暴力なしで成果をあげている大学柔道部もある。二人の指導者が暴力や体罰はしないと話し合って指導し、全国トップになっている。岡山にあるＩＰＵ（環太平洋大）だ。ここは、故古賀稔彦（総監督・部長）と矢野智彦（監督）が女子チームを指導していた。二人は、〇七年の開学・創部から四年目で全日本学生柔道大会体重別団体優勝大会（女子）で優勝した。その後も山梨学院大と女子柔道界の二強として頑張っている。昨今は山梨学院にやや差をつけられているが、盛り返しを狙っているところだ。

指導法について一〇年一二月二二日に古賀、矢野にインタビューした。暴力に対する指導法は二人とも明快だった。

古賀「女子を指導する場合は基本的にはすべてを受け入れてやります。最初から心の器を大きくしていくんです。甘えも不満も注文もすべてです。一〇〇人いたら一〇〇の考えや個性がある。だからすべて受け入れた後にこの選手にはこう、あの選手にはこれといったように個別の指導を始める。柔道界は体罰とか殴ったりとかいろいろある。好き嫌いで選手を差別したりは一切やらないようにしようと矢野と最初に確認しあったんです」

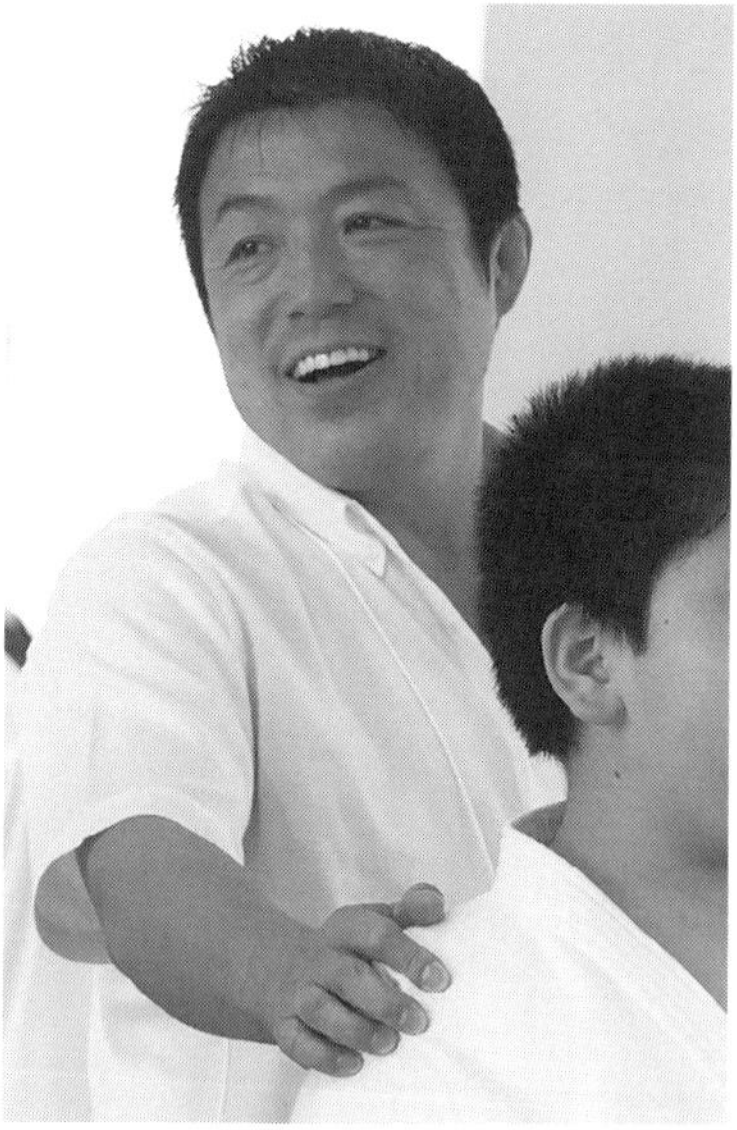
暴力や体罰なしの指導をおこなった故・古賀稔彦氏。写真：（株）ｅｊｕｄｏ提供

矢野「一回も殴ったことはありません」

「殴らなくても強くするのが指導力でしょう。指導力さえあれば殴る必要はないんです」と古賀がフォローした。

二人は指導の引き出しを多く持つために弘前大学大学院で学びスポーツ医学の博士号を

取得している。

かつて全日本女子チームの監督を務めた中村良三（筑波大名誉教授）は、一三年の事件で全柔連が大揺れに揺れたときにこう語っていた。

「私の柔道部の指導歴は筑波大において男子は一〇年、女子は二五年になるが、その間に殴ったことは一回もない。選手に効率の良い練習メニューや欠点の矯正を指示すれば、選手はそれを身に付けようと頑張る。そこには暴力など入り込む余地はない」（『近代柔道』一三年三月号）。

筑波大はこのような伝統に支えられて一五年に全日本学生柔道優勝大会（男子）で国立大として初めて優勝を飾っている。

大甘のペナルティ。資格停止なんのその

全柔連の倫理・懲戒規程では、軽いほうから注意、戒告、期間を定めた会員登録の停止となっている。指導者には期間を定めての指導者資格停止もあり、一番重いのが除名である。これまでセクハラやわいせつ行為での除名はあるが、暴力行為での除名は、すでに述べたように二〇二〇年九月の、兵庫県宝塚市の中学教員が生徒に重傷を負わせた事件が史

上初めてだった。

規程では暴力も除名の対象になっているが、千葉県の道場指導者が門下生の顔面を蹴り、鼻骨骨折の重傷を負わせても一年間の会員登録停止で済んでいる（一三年一二月六日に発表した懲罰委員会の処分）。一六年三月には、帝京科学大の前部長O・Yと下級生を殴った上級生が一年間の指導者資格停止になったが、O・Yはペナルティを受けた直後、春の高校選手権の会場にやってきて最前列に座って試合を見ていた。

この感覚が日本柔道界のペナルティへの一般的な受け取り方、規範遵守の水準である。資格停止といってもコーチらと雑談することは可能で、「あいつはここをこうしなければダメだな」など独り言はいえる。間接的な指導は何の支障もなくやれる。資格停止など何の痛痒もない。

暴力根絶のためには、啓蒙と教育、説得と納得、そして実質的なペナルティの三本柱をうまく機能させなければならない。

山下のペナルティ感覚

山下がペナルティに関して持論を明らかにしたときがあった。〇八年二月五日のインタビュー（『近代柔道』〇八年四月号）で、山下は〇四年のアテネ五輪のときの韓国コーチによる女子選手への殴打事件を引き合いにして語った。

この事件は、韓国の男性コーチがカナダの女子選手の目の前で自国の女子選手を平手打ちにし、カナダ選手がこれを自国メディアに暴露したことで現地で大問題になった。

山下は、

「控室での出来事ですが、これをカナダの選手が見ていてショックを受けカナダのメディアを通じてＩＯＣのＪ・ロゲ会長（故人）に伝わった。このコーチは韓国がコーチ席からの排除、ＩＤカードの剝奪という措置をとったためそれ以上のペナルティはなかった」

「私は体罰が正しいとは思いません。ただ、選手村追放とか本国に送還などの処分となったらそのコーチの人生まで狂わせることになります。あるべき基準を尊重するのは当然としても一つの基準だけで世界を全部判断してはいけないということもこのとき思いましたね。簡単に処分することでときとして一人の人間をその世界で抹殺してしまうことになる。そういうことはあってはならないことで、上に立つ人間ほどそういう点を自覚していなければいけないと思います」と語った。

要するに、山下は罰が重いと人生を狂わすから上にたつ人間は簡単に処分を下してはいけないということをいいたいらしい。確かに一つの考えであろうが、高校時代に指導者から暴力的指導を受け五〇歳代になってもそれがトラウマになって苦しんでいる女性もいる。

これはＮＰＯ法人柔道教育ソリダリティが一三年七月に開いた暴力根絶パネルディスカッションで宮嶋泰子が紹介した。

「高校時代、監督から『お前なんか生きる価値がない』と毎日罵声を浴びせられたことで、『いまでも恐怖がよみがえり鬱状態になる』とその人はいいます。暴力指導はこのように人間の人格まで破壊します」（『近代柔道』一三年九月号）。

これは言葉の暴力だが、肉体的な苦痛を受けた選手も心身ともに傷つく。加害者を思いやるのは悪いとはいわないが、門下生を足蹴りにして重傷を負わせても一年の謹慎で済ませる全柔連の規範は、やったことの重さと償いのバランスがとれていない。

山下は、森喜朗が女性蔑視発言したときも、ＪＯＣというオリンピック憲章を守る立場の日本のトップでありながら、森の会長続投を支持し、職責を「全うしてほしい」と発言している。ＪＯＣの立場としたら「続投は難しい」くらいの言葉は出なかったのか。

山下のこうした規範遵守への甘い傾向が「近年、今回の事件（宝塚市の長尾中教師による生徒への暴力事件）のような身体的暴力のみならず、言葉や態度による威嚇、威圧、人格の否定、いじめなどの行為が後を絶たずまことに慚愧に絶えない」（二〇年一〇月の暴力行為根絶宣言）状況を作り出す一因になっている。

暴力行為や人格否定、いじめなどが後を絶たず、というがなぜそうなるのかをもっと深く検証する必要があるだろう。

ペナルティの軽さあれこれ

① 一九九五年秋、千葉・幕張のイベントホールで世界選手権大会が開かれた。女子五二キログラム級の薮下めぐみ(ミキハウス)は初戦でS・レンドル選手(イギリス)に敗れた。レンドルは決して弱い相手ではなかったが、薮下選手が簡単に一本負けする相手でもなかった。

それが、試合開始時間になっても薮下選手は会場に姿を現さず三、四分も試合開始が遅れた。もう限界というときに薮下が全速力で会場にダッシュしてきた。息はあがっているし目は泳いでいた。畳に上がったが、何一つ自分の柔道はできず一本負けした。

原因は所属の村上清コーチが時間を勘違いし、練習場で打ち込みをしていたためだった。選手の責任が皆無とはいわないが、試合開始時間などスケジュール管理はコーチの責任である。だがこのとき、だれも責任をとらなかった。薮下は翌年、柔道界を捨て女子プロレスに走った。幕張が違う形であったら、彼女の第二の人生も変わっていたかもしれない。

後日談だが、一三年ごろ、柔道界の責任の取り方に関連してこの話を私が『近代柔道』に書いたら薮下の父親から編集部に電話があった。

「あのときのことを覚えていて本質的なことを書いてくれた記者に感謝する」

②

二〇一八年二月八日の午前〇時から朝の六時まで、七三キログラム級のトップ選手だったH・Sは自分が個別合宿で宿泊していたJISS（国立スポーツ科学センター）に自分の入館証を使い〝知人〟を引き入れた。H・SはJISS、全柔連への重大な規律違反でペナルティを受けた。強化助成金のストップや合宿費の自己負担などだった。だが、出場資格停止の処分はなかった。

というのも、この年のバクー世界大会の代表を決める選抜体重別が二ヵ月後に迫っていたからだ。金メダル獲得のためには一六年GDS東京、Wマスターズなどを制し当時実力者だったH・Sを選抜体重別大会から外すわけにはいかなかったのだ。H・Sは選抜大会で優勝し、バクー世界大会の代表になって準優勝した。

本来、この件は他人の庭（JISS）を荒らし、柔道選手としてやってはいけないことをやったわけで、期限付き停止になってもおかしくはなかった。中里壮也専務理事は〝知人〟とは男か女かという質問に「知人です」と押し通した。

山下全柔連の罰則規範がいかに軽く、身内に甘いかがよく分かるケースだった。

③

一二年のロンドン五輪は、男子は金メダルゼロ、銀二、銅二。女子は金一、銀一、銅一と期待外れの戦績だった。男子の金メダルゼロなど監督更迭のケースだった。ところが、大会後の理事会では不成績の要で一番責任があるはずの吉村和郎（強化委員長）は平理事から強化担当理事に昇進。男子の篠原信一、女子の園田隆二両監督とも次のリオ五輪まで続投だった。

篠原は当初、続投を受け入れていたが、批判の高まりのなかで辞任。園田は女子選手への暴力でこちらも辞任した。吉村も全柔連の助成金の不正利用などに関連して辞めざるを得なかった。園田の場合、全柔連は暴力行為を把握していながら留任を認めていた。篠原の場合も惨敗しているわけで、誰の目にも続投などありえなかった。

全柔連内部がいかに身内大事でことを済ませているかを物語るものだった。世間的常識、ふつうの感覚ではないのである。

問題は、こうしたやり方について組織内から批判や反対意見が出ないことである。タテ社会の弊害で済ませるのではなく、その体質が何を物語っているかを真剣に考えるときに来ている。

ペナルティ外国事情

日本柔道界のペナルティが甘いことは、イギリスやフランスなどと比べるとよりはっきりする。

二〇一三年一二月二日、東京文京区のシビックホールで全柔連主催の「柔道の暴力根絶への取り組みについて・フランスとイギリスに学ぶ」と題する講演会が開かれた。

M・カレン（イギリス＝国際柔道指導者研究協会会長、ロンドン五輪組織委員会柔道競技担当、教育・スポーツ学博士）が「柔道指導者による体罰――対策と実践」を講演した。フランスから出席したM・ブルース（ボルドー大学教授、フランス柔道連盟副会長）は「スポーツにおける体罰・嘉納師範の理想はどこに」というテーマで講演した。

カレンは、

「イギリスでは柔道クラブにいじめ対策の文書が出されている。いじめがあったら容認せずにきちんと調査する。軽くでも指導者が選手の頭や顔を叩いたら、即、指導者ライセンスの剝奪だ。いまは非常に厳しい」

と述べた。

ブルースは、

「アテネ五輪のときに韓国のコーチが女子選手を殴ったが、こうしたことは柔道のイメージを物凄く悪くする。フランスは柔道人口が六〇万人いるが、柔道界が暴力容認だったら子供に柔道をやらせる親はいなくなる。それはとりもなおさず、柔道連盟だけでなく、フランス国家そのものに経済的な影響を及ぼすことになる。コーチが選手を殴っても罪にはならず、選手が殴り返せば罪になる。だが、法律は平等であるべきで、指導するからといって殴ってよいということではない。だから、コーチと選手は暴力抜きで努力する関係が大切だ。嘉納師範は柔道に教育的要素を持ち込んだからこそ世界に流布した。そうした精神を生かすべきだ」

と強調した。

一四年五月三〇日、東京千代田区の如水会館で塚田真希（東京女子体育大講師＝後に東海大女子柔道部監督）のイギリス留学報告会が開かれた。

塚田は〇四年のアテネ五輪七八キログラム超級の金メダリスト。一一年から一三年にかけてイギリス・ロンドンに住み、地元のクラブで指導する傍ら語学を学び柔道事情も視察した。

当地の暴力との向き合い方について塚田は、

「一三年に日本で起こった監督、コーチの暴力事件については日本の実情を知っているイギリスの人たちは『何をいまさら』という受け止め方だった。イギリスでは暴力は絶対にありえない。親から暴力を受けた子供が訴えたら親は犯罪者になります」と明快に答えた。

重傷を負わせても一年の〝休養〟で済む日本柔道界とは雲泥の差だ。日本柔道界がいかに世界の常識とかけ離れているか。いつまでも〝本家〟然としている場合ではない。

剣道の場合

剣道の場合はルールに逸脱すると厳しいペナルティが待っている。同じ伝統スポーツではあるがルール違反に対する向き合い方は柔道とは全く違う。

一番厳しいのは、試合で「一本」とってもガッツポーズをすると取り消されることがあることだろう。剣道審判・試合規則「第一六条　非礼な言動」には、「審判員または相手に対し非礼な言動をすること」は禁止であり、第一八条には「第一六条の禁止行為を犯した者は負けとし、相手に『二本』与え退場を命ずる」とある。

さらに第二七条には「試合者に不適切な行為があった場合は、主審が有効打突の宣告をした後でも審判員合議のうえでその宣告を取り消すことができる」とある。

柔道では、ガッツポーズをやっても負けになることはないし、注意もされない。そうした規則はない。国際大会では外国選手など派手なガッツポーズをやっている。かつては柔道衣をぬぎ捨て会場を走り回る選手もいた。

宗岡正二は一三年一一月一日、私のインタビューのなかでガッツポーズについて、

「剣道は『一本』とってもガッツポーズをとったら取り消しもあります。柔道もやるべきでしょうね」（『近代柔道』一四年一月号）と答えていた。

日本選手のなかには、勝ったときにはガッツポーズをやるが負けるといきなり号泣する選手もいる。控室に籠ってなかなか出てこない選手もいる。トップクラスの選手に多い。小さいころから勝つか負けるかだけの価値観のなかで生きてきた選手だから、負けると自己抑制ができずに泣き、茫然自失する。

宗岡は、

「いまは思うがままやっている。情けないと思います。幼稚性が出ています」（同前）

と指摘していた。

【Ⅳ】山下全柔連が抱えるさまざまな課題（2）

男社会

日本柔道界はかつて男尊女卑の塊だった。いまでもなくなったわけではない。二〇一三年の女子選手への暴力行為も、男性上位という日本柔道界の在り方に因るところが大きい。同年夏に宗岡正二が全柔連会長に就任し、女性幹部の登用、昇段時の男女の修行年の格差是正、女子選手の白線入り帯を黒帯に統一など、以前よりは大きく変わったが、まだまだ改善点は残っている。象徴的なのは東京オリンピック女子チームに女性の監督が指名されなかったことだ。

「女子は適任者に拒否された」と近石康宏（全柔連専務理事）は語っていたが、事実だとすると、拒否した理由にこそ改善点の中心があると思われる。おそらくそれは、勝つことにこだわり、勝利第一主義になっている日本柔道のあり方にかかわっていよう。強さを追求すると、どうしても男子優勢論に陥り、男子の監督のほうが適任という考え方になってしまうのである。

これまではそれが当たり前のこととしてやってきた。多くの古参女性柔道家は、差別に対して正面から立ち向かうことではなく、男社会に自らを順応させながらやってきた。女性蔑視に気づいても、口にする勇気が出ないし、改善しようという男子柔道家もいなかった。

二〇〇九年六月二、三日に全柔連は「女性柔道指導者セミナー」を講道館で開いた。出席していた増地千代里（全柔連強化委員）は、

「女性が強化委員会の中で発言すると女のくせにという雰囲気を感じた。女性は意見をいうのも難しい現状だ」（『近代柔道』〇九年七月号）

と述べている。

もっとひどい話もある。『月刊武道』一四年一月号に柳澤久（三井住友海上監督＝元全日本女子監督）が書いている。

「この頃（一九八二年）の強化委員会で女子柔道は『強化費をどぶに捨てるようなものだ』といわれた」

これが、昔こんなことがあった、と笑って話せないところに問題の深刻さがある。

しかし、にもかかわらず、いま世界の柔道界で活躍しているのは女子なのである。オリンピック、世界大

ドブ発言の載った『月刊武道』2014年1月号（公益財団法人 日本武道館発行）

会だけだが調べると面白い数字が出てくる。完全に女高男低だ。

二〇〇〇年のシドニーから二一年の東京までのオリンピック六大会の獲得メダル数は、男子二六に対して女子は二九。直近の世界五大会では、男子二九、女子三八だ。総計五五対六七。日本柔道界がこだわる「勝利」を基準にするなら、女子選手のほうが実績を残している。世界に向かって日本柔道の強さを発信しているのは女子なのだ。

男性幹部は目を覚ました方がいい。ついでにいえば、彼女たちは殴られて強くなったのではない。言葉をふくむひどい暴力行為に声をあげて強くなったのである。女性の権利と平等を求めて強くなったのである。（二一年のブダペスト世界大会は参考にしない）

女性の尊厳を無視した〝偉い人〟の愚行

全柔連は、一三年六月二五日の第一回全柔連評議員会で、全柔連理事で東京都柔連会長の福田二朗を全柔連会員登録の永久停止（除名）とした。

福田は、この二年前の一一年一二月に都柔連の行事の後、都内の地下鉄エレベーター内で連盟女子職員に抱きつきキスを強要した。全柔連はこの事件を特別調査チームで調べ、「被害者、加害者ともおおむね事実関係を認めるものであった」と除名処分にした。

事件の根底に、柔道界特有の男尊女卑思想がある。七〇歳を超えた福田も常に男子優位の立場で柔道界を生きてきたのだろう。相手が人格を持った一人の女性だということを無視した愚行だった。酔っぱらっていたとはいえ、いきなり抱きしめてキスを迫るというのは常軌を逸している。

柔道界では、高段者は周囲から常に先生、先生といわれ、知らず知らずのうちにそれが人格であるかのように錯覚する。高段位、組織の重職……なればなるほど身を慎むものだが、男偏重のタテ社会ではそうならない。頭は垂れずに反っくり返る。醜悪事件を引き起こす。

一三年の女子監督の暴力事件当時、全柔連の理事会、評議員会に女性は一人もいなかった。これについて私は、一三年二月五日の緊急理事会で「理事会や評議員会に一人も女性がいないのは柔道界の男尊女卑を象徴しているのではないか」と質問した。

これに対して上村春樹（全柔連会長・講道館館長）は次のように答えた。

「女性の理事がいないというのは歴史が浅かったというだけで他意はない」（『近代柔道』一三年三月号）。

だが、これはおかしい。女子柔道はすでに嘉納治五郎も認めて昭和の初めから受けいれており、黒帯有段者も出ている。女子の選手権も一九八六年から始まっている。「歴史が浅かった」発言は、それを知らないでいったのなら日本柔道の歴史の冒瀆、知っていてあえてそういったのなら、みずからの女性蔑視、排除体質を語ったもの、いずれにしても全柔連会長、講道館館長としては認識が甘い。

白線入り帯と女子選手の呼称

宗岡会長のもとで、女性幹部の登用、昇段年齢の男女格差是正、暴力根絶宣言、柔道事故対策、男子審判員だけがさばいていた全日本選手権への女子審判員登用など、いろいろな改革がおこなわれた。女子選手の白線入り黒帯も一七年三月一三日の理事会で黒一色に統一された。

白線入り黒帯こそ男女差別の象徴のようなものだったが、全柔連幹部は「あれは差別ではなく区別だ」といい続けてきた。

日本の女子選手の白線入り黒帯は、一九九九年のイギリス・バーミンガム世界大会のIJF総会で、ジム小嶋IJF審判長から「医者は男も女も医者は医者だ」と批判され、世界基準の黒一色帯に改めるようにいわれた。それまでは日本の女子選手だけが国内はもちろん、オリンピックだろうが世界大会だろうが白線入り黒帯を締めていた。

山口香や溝口紀子などは若いころから疑問を呈してきたが、その都度「差別ではなく区別だ」と一蹴されてきた。だが、何から何を区別するのか。要するに、女の黒帯は男と違う、同じ黒帯だが男の方が強いといいたいだけのことだが、力の差ならいうまでもないことで、それを強調するために白線一本入れることに何の意味があるのか。

バーミンガムで批判された全柔連は、会議の場では何の反論もしなかった。というよりできなかった。ところが、全柔連は二〇〇一年六月二〇日にいきなり故嘉納行光（全柔連会長・講道館館長）が「ＩＪＦ規定で行われる日本国内の大会では従来通り白線入りの帯を使用するように」という通達を出した。全柔連評議員会もこれを六月の会議で追認した。全柔連の評議員がＩＪＦに従おうとしても、将来の自分の昇段を

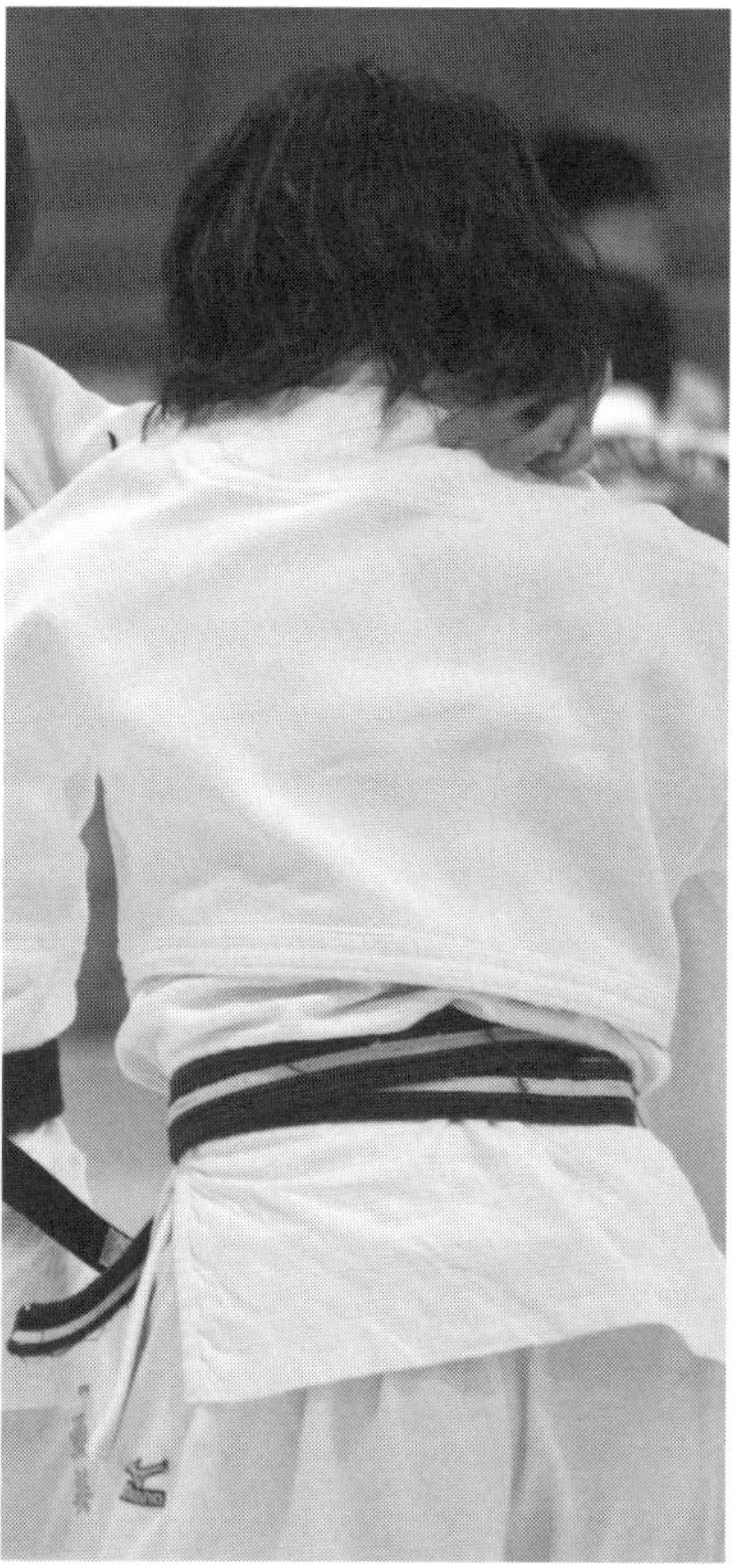

白黒帯は現在は黒１色になった。今では歴史の遺物になった女子の白黒帯。

考えれば昇段の権限を持つ講道館館長の意向に逆らえるわけがなかった。白線入り黒帯廃止は、全柔連会長が宗岡、講道館館長が嘉納から上村春樹に代わってやっと実現した。

だが、まだ残っている差別がある。それは選手を呼び上げるときだ。男子の場合は「〇〇五段」と単純だが、女子の場合は「〇〇女子五段」と呼ばれる。ことさら「女子」を強調する。

つまり、この選手は五段だが男子の五段とは違う、男子の強さはなくて内輪の五段だという意味合いだ。剣道や空手は同じ武道的スポーツだがこんな呼び方はしない。男女とも五段だったら「〇〇五段」だ。なぜ柔道は「女子」を入れるのか。女子を尊重しているのでないことは明らかで、だれが考えても、女子を一段下に置いていることが分かる。

だれも男子と女子の五段が強さにおいて同レベルとは考えない。〇〇五段で何の差し障りがあるのか。いまは修行年数や形態は男女とも全く同じだ。ことさらに「女子」と入れるところに男性優位の差別思想が現れているし、しがみついているようで滑稽でもある。白線入り黒帯同様、明日にも止めるべきだ。

進出した女子審判員へのやっかみ

日本の柔道界は審判員の世界でも長く男子優先だった。女子の審判員が少なかったこともあるが、女子の柔道人口が増え、引退した後に審判員になったときでも男子優先は続いていた。

だが、山崎立実（明治国際医療大教員）、島谷順子（東北柔道専門学校教員）、天野安喜子（宗家花火鍵屋一五代当主・インターナショナル審判員）といった女子柔道家が現役を引退して審判員になった九〇年代から女子審判員が増え始めた。

これらの審判員はこつこつと勉強し、国内で審判技術を磨くと同時に国際審判資格を取得して、二〇〇〇年代になると全国大会や国際大会の審判員も務めるようになった。女子審判員が活躍し始めると、聞こえてきたのは男子柔道家の「女の審判は下手だ」という陰口やそういった雰囲気だった。

ベテランの男子審判員から直接聞いたこともある。男の審判世界にじんわりと女子が侵入してくることへの忌避反応が感じられた。

世界的には朴容晟ＩＪＦ会長（韓国）が会長当時、「女子の審判員を増やそう」と提唱。自国の金美延（九二年バルセロナ世界大会七二キログラム級チャンピオン）を国際審判員として育成し、彼女はアテネ五輪の審判員になっている。九〇年代初めから世界では男子のみではなく女子審判員もオリンピックや世界大会の審判員に起用しようという流れが始まっていた。

日本柔道界はこうした機運にそっぽを向き、女子審判員の姿が大会場で見られるようになると、「下手だ」「柔道を分かっているのか」などの陰口がきかれた。だが、審判のうまい下手は段位や男女差には特に関係ない。年間どのくらいの頻度で試合をさばいたかにもよる。動体視力と連続技、連絡技を見極められるかも正確なジャッジに必要だ。選手個々の柔道スタイルを知っていることも大切。全体的にみると、女子のほうがばらつきは少ない。高段者だから上手だとは言えない。

男子の一部の高段者の審判員などは特徴的な欠点がある。動かないことだ。滑舌も悪い。また、主審、副審とジャッジが分かれたときなど、段位が上の人のいう通りになる。たとえその判定は違うと思っても、明らかなミス以外は低段者は高段者のいう通りにする。そんなシーンを数えきれないほど見てきた。タテ社会の悪弊だ。

動かないのは歴史的所産だ。かつては天覧試合があったが、天皇に尻を向けられないので常に正面を向いて立ち、のそのそと審判した。滑舌のひどい審判員になると、「始め」が「うえっ」としか聞こえない。これは選手のほうが協力するので、何と発声しているのか分からなくても試合はスムーズに進行する。

女子の審判員は、寝技になるとそばにいって下からのぞき込んでジャッジする人も多い。滑舌も男子審判員とは比べものにならないくらいきれいだし正確だ。全日本などは七、八段くらいの高段者が審判員になっているが、段位が高くても日ごろから多くの試合を見ていなかったら審判技術は鈍る。技のスピードに目がついていかないからだ。

女子審判員は小さい大会から始めて資格をとり、次第に大きな大会や国際大会にまで活動の幅を広げてきた人が多い。積み上げた力量がある。「女は下手だ」という陰口を知っているので必死にうまくなる努力をしてきた。その結果、いまではどんな大会でも女子審判員はいるし、それが当たり前になってきた。実力でも天野審判員などは二回もオリンピックの審判員になっている。彼女に続く実力のある女性審判員もいまは数多く育ってきている。

そうした努力を積み重ね、ついに女人禁制の男子全日本選手権大会にも女性審判員が登場するようになった。

女子禁制の全日本に登場した女性審判員

二〇〇八年の北京オリンピックで女子の天野審判員が活躍したり、講道館杯や選抜体重別で女子審判が試合をさばいたりしていても、男子全日本選手権大会だけは女人禁制だった。日本の柔道家は全日本こそ最高の大会と思う者が多く、女子に自分の試合をゆだねるのを良しとしないのだった。

これに大なたを入れたのが一三年に会長に就任宗岡正二だった。宗岡は、一四年の女子全日本選手権から審判員一五人をすべて女性にし、一五年はジュリーも女性に努めさせた。当時の西田孝宏審判委員長（山梨学院大教授）の英断も女子審判員の活躍を後押しした。

遂に女人禁制の男子全日本に登場した三人の審判員。
左から、松田、天野、樽谷審判員。

女子審判員は女子全日本選手権を自分たちのみでやり遂げ自信を深めた。地道に審判技術をみがいた女子審判員は一七年、ついに男子の全日本選手権に審判員として登場した。

女子審判員のいいところは、男子審判員にできない〝適切な時間〟での「指導」宣告をやれることだ。男子の場合、タテの線でつながっている。試合をやっている選手との直接的な関係がなくても、その選手の先輩や後輩などと親しい場合はたくさんある。そうなると、微妙な時間帯にその選手に果断に「指導」を与えることを躊躇する場合が出てくる。競っている試合などはなおさらだ。ここは「指導」だろうというときでも、出さない場面をこれまで幾度となく見てきた。

女子審判員の場合は、そういうしがらみがなく、タテの線がないので選手双方に遠慮せずスパッと「指導一」が出せる。

一七年の男子全日本選手権大会後、西田審判委員長はこう語った。

「安定した審判で、男子審判員と比べても何の遜色もなかった。三重丸。非常に良かった」(『近代柔道』六月号)。

このときの四人の女性審判委員・審判員は次のように語っている。

「全く問題はなかった。平常通り試合を見た」(山崎立実七段、審判委員)(同前)。

「前日は緊張するのではないかと思ったが畳に上がったら不思議と落ち着いてやれた」(天野安喜子六段)。

「思っていたよりも落ち着いてできた。今回私たちに機会をいただいたがこれを若い女性審判員につないでいくことが私たちの役目だと思う」(松田基子六段)

「目の前の試合に集中した。緊張することなく審判をやれた」（樽谷哲子六段）

大きな壁を破った女子審判員は、その後も全日本選手権などで活躍している。天野審判員は東京オリンピックの審判員としてＩＪＦから選抜された。かつて、男子審判員や選手から「下手だ」といわれた屈辱を女子審判員は実力で切り返し、いまでは陰口もなくなった。

Ｗ《ダブル》スタンダードの代表選手選考

現在、男子一〇〇キログラム超級と女子七八キログラム超級の世界大会、オリンピックの日本代表は、四月中・下旬におこなう男女の全日本選手権大会後に決める。その他の六階級の代表は、全日本の前におこなう選抜体重別で決める。

全柔連のこの方式はさまざまな矛盾をはらんでいる。それが露呈したのが二〇一六年のリオ五輪女子七八キログラム超級代表選考だった。

代表になったのは選抜と全日本に連勝した山部佳苗（ミキハウス）で、最有力だった田知本愛（ＡＬＳＯＫ）は落選した。田知本は選抜三位、全日本二位。全日本決勝では左足を試合途中で負傷し、動かない足を引きずってたたかったが崩れ落ちそのまま山部に抑え込まれた。

大会後の強化委員会の代表選考で議論になったのは過去の実績。国際大会にどれだけの戦績を残してきたかということだった。これは強化委員会の代表選考の大前提になっている。国内の実績より外国選手に強いか弱いかが優先するルールだ。事実、一六年リオ五輪の女子代表は、最終選考会の選抜体重別に敗れた選手でも三人が代表になっている。五七キログラム級の松本薫（ベネシード）、六三キログラム級の田代未来（コマツ）、七八キログラム級の梅木真美（ＩＰＵ四年）だ。いずれも三位だったが、大前提である過去の対外国選手の実績に照らし合わせて代表に選ばれた。

超級は、全日本で勝った山部が強化委員会執行部の推薦で選ばれた。他のクラス同様に過去の海外試合の実績を選考の大前提にするなら、田知本が選抜されてもおかしくはなかった。田知本、山部の過去の海外戦績を比較すると、一四年チェリャビンスク世界大会は田知本三位、山部七位。一四年ＧＤＳ東京は三位と五位。いずれも田知本が優位に立っている。一五年ＧＰデュセルドルフは田知本が欠場、山部が優勝。山部がやや盛り返し、同年Ｗマスターズは三位と二位。しかし、同年アスタナ世界大会は田知本が準優勝で山部は三位。一六年ＧＤＳパリは田知本が優勝し、山部一回戦敗退。

全体的に見れば田知本が山部より海外戦績で優勢なのは明らかだ。にもかかわらず国内の二大会で勝ったということで代表は山部に決まった。強化委員会では、「海外の実績優先という強化委員会の大原則が破られている。これはダブルスタンダードではないか」という厳しい意見も委員から出た。当然の意見だった。他クラスでは負けても代表になった選手が三人もいるのだから。

強化委員会代表選考の時点では田知本の膝のけがの程度は分かっていなかった。立てず動けずという姿を見て、四ヵ月後の本番には無理と推測され、山部が代表ということになったようだが、強化委員会執行部は公式には「負傷は関係ない」と述べていたので、ますますWスタンダードの気配が濃厚だった。

この代表選考を突き詰めていくと、超級だけ選抜体重別、全日本と二つの大会で選び、加えて海外の実績優先などとややこしい選考をやっているから深刻な問題も生じてくるのである。

全日本まで引っ張る矛盾だらけの超級選考

なぜ、超級だけは男女とも選抜体重別の後の全日本まで待って選ぶのか。

この選考方式には選手や関係者から多くの批判がある。「全日本といってもそれは国内大会だ。勝ったからといっても海外に強いということにはならない」、「肝心のルールだってＩＪＦ（国際柔道連盟）ルールではない」などが代表的な意見だ。全日本まで引っ張るということなら、全日本で勝てば代表入りも可能という希望があってこそ初めて選手にとってはたたかう意欲も出てくる。しかし、海外実績という大前提があるので、過去に実績のない選手にとっては端から代表選びには関係ない大会になる。

いまの全日本は、選抜で勝った選手の箔づけか、選抜で負けたとしても全日本で勝てば選抜されるという救済措置を含んだ大会になっている。

二〇一六年の一〇〇キログラム超級のリオ五輪代表は原沢久喜（日本中央競馬会）になったが、原沢は、選抜は勝ったが全日本は三位。全日本で優勝した王子谷剛志（旭化成）は、海外の実績がなく最初から代表選考の埒外だった。だからだろう、翌日の新聞の見出しは「代表候補原沢敗れる」だった。権威ある大会の優勝者、王子谷は軽く扱われた。これは相当失礼な話だ。日本の柔道家は全日本に出場することがステータスになっている。まして優勝したなら称えられて当然のはずが、メディアにとっては王子谷が優勝したことよりも、一枠だけ残っていたリオ代表候補が敗れたことのほうがニュースバリューがあった。

全日本まで代表選考を引っ張ると、ほかにもいろいろ問題が出てくる。たとえば、選抜で優勝した有力選手が直後にけがをして全日本は欠場したとか、出場したが一、二回戦で敗れたとか。決勝まではいったが一本負けした。けがして二、三回戦で棄権ということもある。全日本まで選考を引っ張ることでかえって難しい選考になる可能性をはらんでいる。

肝心のルールも、全日本はオリンピック採用のＩＪＦルールでたたかうわけではない。ＩＪＦルールに講道館ルールにある「有効」ポイントを付け加えた、いわばＩＪＦ日本版ルールだ。全柔連は、選抜で勝つくらいの選手だから全日本でも勝つだろうという不確定な要素を容認して全日本を代表選考の最後の大会にしているようだが、全日本は選抜の勝者のための総仕上げの場ではない。初戦で、それも「一本」で負けた選手を過去の実績があるからと代表にしたらおかしなことになる。

一番良いのはすべての階級の代表は選抜体重別で選ぶことだ。大会はＩＪＦルールだし、超級だけ後発で決める際の強化の遅れもなくなる。超級のみ全日本まで引っ張る必然性はない。

失墜する全日本の権威

全日本選手権は日本の柔道家ならだれでもが一度は出場したいと思うあこがれの大会だ。軽量級の選手で優勝は無理としても、出場することで世間からはひとかどの柔道家と認知される。私は、全日本の大会プログラムにかつて全日本に出場した柔道家を毎年年七、八人取材してきたが、全員、初めて全日本の畳に上がったときの感激を語る。全日本に出場したことでその後の自分の人生を「律して生きていかなければならないと思った」など、全日本はそれほど柔道家にとっては価値を持った大会だった。

ところが、昨今の全日本はまったく様変わりしてしまった。体重無差別はそのままだが、従来の講道館柔道試合審判規程で残っているのは「有効」だけで、あとはIJFルール。試合時間は四分、抑え込みは二〇秒で「一本」。GS（延長戦）は時間無制限。相手の股下に手を突っ込んでのすくい投げは下半身への接触だから反則になり、飛び込んでの双手刈りや踵返しなどの飛び道具も禁止された。組まないと「指導」がすぐ与えられる。こんなルールだから大型で強力な選手が勝つのは当たり前で、軽量級の選手はルール的に勝つ要素はほとんどない。

全日本は二〇一〇年までは講道館ルールでおこなっていた。試合時間は六分。延長戦はなく審判員による旗判定だった。一一年になるとIJFルールが導入され、一七年に試合時間が五分と短くなり、時間内に決着がつかない場合はGSで時間無制限になった。スコアは「一本」「技あり」に以前からあった「有効」の三つ。一八年になると時間は四分、抑え込みも二〇秒で「一本」、一五秒「技あり」、一〇秒以上で「有効」となった。

日本伝講道館柔道は、かつては軽い選手が勝てないにしても飛び道具オーケー、下半身も反則にはならなかった。蟹挟みもあった。だから、工夫をすることで大きい相手とたたかうことができた。全柔連は、全日本を限りなくＩＪＦルールに近づけることによってその権威を失墜させ、軽量の選手が活躍できる要素をルール的にごっそり改変してしまったのである。

右肩下がりの柔道登録人口

全柔連が理事会や評議員会で常に問題視しているのが、柔道登録人口の増減である。といっても増のほうはあまり関係なく、もっぱら減員のほうだ。二〇一九年の統計で、全柔連に登録されている柔道人口は一三万九三七三人。過去最少だ。

柔道登録人口は、一九九〇年にはまだ二一万九〇一三人で二〇万の大台は維持していた。だが、二〇〇八年に一九万二七五〇人と大台割れすると、その後は右肩下がりに減り続けた。このままいけば、一〇万人を割るのもそう遠くない状況である。競技者でも指導者でもない、昇段も望まず、ただ純粋に柔道が好きでやっている人は登録人口には含まれないから、そうした人たちを入れればもう少しは増えるかもしれないが、いずれにしても危機的状態にあるといって良い。

柔道創始国でありながらなぜ年々柔道登録人口は減っていくのか。理由はいろいろ考えられる。

小さい子どもにとっては危険だと親が敬遠する。中・高校などは指導する教員がいないし、柔道部がない。あっても、指導者による体罰があり、暴力事件も報道されているようにたびたび起きる。

柔道は見て楽しむ競技ではないので子どもたちに人気がない。騒がれるのは四年に一回、オリンピックのときぐらい。小中学生はサッカー、野球、バスケットボール、テニスなどに流れる。柔道で強くなってもプロはないし、その技術で生活していくことは難しい。必然的にすそ野はだんだん狭くなっている。

サッカーや野球、テニスなどは全国に地域のクラブがあり競技を始める難しさはない。都内の公園のグラウンドなどで小学生がサッカーの練習をしているシーンをよく見かけるが、柔道は道場や警察の子ども柔道クラブなどが近所になければ始めるチャンスは少ない。空手のように公園の芝生の上で練習はできない。

柔道の場合、子どもたちのとっかかりは町道場か地域のスポーツ少年団、警察の柔道クラブなどだが、道場主は一国一城の主であり、教え方も千差万別である。相手が小学生でも殴ったりする指導者もいる。サッカーが協会でジュニアの育成システムをきちんとつくり、指導者を養成し協会の指導の下にサッカー人口を増やしているのに比べると、柔道の場合は伝統に寄りかかっているだけで、全柔連が一貫指導するシステムもないし、難しいということで個々の指導者任せになっている。

大人の場合、柔道で体を鍛えるには道場へいったり、時間が限られていたり、相手がいないと練習ができなかったりといろいろな制約もある。それよりもジョギングやトレーニングジムにいったほうが手軽だし、時間も自分の都合でやれる。相手もいらない。

競技面から考えても柔道の場合「一本」で決まる試合は美しいし魅力的だが、組み手争いに終始し、「指導」などで決まる試合など見ているとダラダラしていて面白くない。これには、元々が武術から派生してきたスポーツであり、修行することで人格をつくるという教育的価値を重んじているため、安易に見て面白いなどというルールを作り出すわけにはいかないお家の事情もある。

サッカーやバスケットボールなどはスピーディーだし、多くの少年少女が明日を夢見てクラブに入るのも理解できる。それらの競技にはあこがれの選手も多く、子どもたちに夢を与えている。子どもたちの大きな関心が少なければ大人を含め、全体の登録人口がだんだん減っていくのはむしろ必然といえる。

以上が柔道が衰退しつつある現実的な理由だが、かつて高校や大学で柔道をやった人でも社会に出たらスリーピング柔道家になってしまうケースも多い。全柔連に登録しても、競技者でも指導者でもなければ、柔道家にとっては何のメリットもない。高額なお金が必要になる昇段を望まない人にとっては登録する意味がない。

かつては、「二四時間戦えますか」などという栄養ドリンクのコマーシャルがはやったときがあり、その時代は持久力や体力、上からの命令には素直で頑張るスポーツ選手はもてはやされた。大企業をはじめ多くの企業が体育部出身の学生を採用した。とくに、柔道選手は頑健だし、無理がきき、上司には絶対服従なのでその面も評価された。大学柔道部を四年間続けて、卒業すればレギュラーではなくても大企業に就職できるチャンスはあった。

柔道の場合、タテ線でつながっているので就職口が見つからなかった場合でも先輩の引きで何がしかの企業に就職することもできた。その意味では柔道界のタテ線の結びつきは強固で良い面もあった。だが、いまはそんな時代ではなくなった。社会のなかで柔道や柔道経験の価値が小さくなっている。

被害者に寄り添う姿勢のないことも減員の一理由

前述した福岡県の締め落とし事件で見ると、この裁判は、最初は二〇一四年から一八年まで四年間、二回目は一九年から二一年まで、通算六年間、始まってから七年という長期にわたっている。このなかで浮き彫りになった全柔連の問題点を一言でいえば、被害者への寄り添い方だ。

事件の調査に際して全柔連は、当事者である指導員を彼が所属する福岡県柔道協会の幹部が調査するようにしたが、これなど、うやむやにせよといっているようなもので、まじめに事件に対応しようという態度ではない。ましてて全柔連側は、もう一方の当事者である中学生とその父親に、一度も聞き取り調査をしないで、福岡県協会の調査結果をうのみにし、絞め落とした指導員の行動は「指導の一環だった」（中里壮也専務理事）と結論付けたのである。

全柔連は、「乱取りの中で中学生に絞め技を使うのはルール的には許されている」（中里）と述べ、問題ないという立場に終始した。だが、いきなり道場に引っ張り出

全国柔道事故被害者の会が開いた第１回シンポジウムと宣伝物。
出所：全国柔道被害者の会ＷＥＢ

して絞めるなどというのは、素人目にも指導とはいえないし、そもそも実力が段違いな場合、乱取りは成立しない。

全柔連側は安易に「指導」とか「乱取り」などの言葉を使っているが、もっと厳密にその言葉の意味を考えるべきだ。柔道衣を着て道場に引っ張り出したらすべて「指導」になるわけではない。これまでも、道場内で起きた暴力やいじめ、制裁は、ほとんどが「指導の一環」といって加害者は逃げてきた。裁判でも「指導だった」という加害者側の言い分をひっくり返すのは難しかった。

福岡のこの事件も全く同じだ。裁判所も安易に「指導」という言葉を使っている。

全柔連は二〇一四年七月に「全国柔道事故被害者の会」と初めて協議会をおこなったが、そのときに山下泰裕（副会長）は、「事故がどういう風に起きたのか現場に出向いて調べることもある」と述べている。これを引き合いに中里専務に問いただしたら、「現場にいって調べることもあるということはいかないこともあるということだ」と答えた。まるで禅問答で、積極的に自らが調査して問題解決をはかる姿勢は感じられなかった。

全柔連は柔道人口の減員を憂慮するが、こうした事故や事件のときにいかに被害者に寄り添って正しい結論を導き出すかが大切だ。中学生はその後柔道を止めた。貴重な柔道人口が全柔連の対応のまずさで一人減った。

不思議な先生体質

柔道界で不思議なのは「先生」がごろごろいることだ。下手すると私なども地方へ取材でいくと、ただの柔道記者なのに「先生」と呼ばれることがある。面食らう。だが、柔道人はこの呼び方を嫌がってはいない。むしろ、心地よさそうだ。

町道場の指導者が門下生から「先生」といわれるのは仕方ない。だが、そうした関係でもないのに「先生」と呼ぶのは滑稽だ。メディアもこの風習にどっぷりつかっている。「先生」と呼ぶことで自分より相手が優位という関係を自ら認めていたようなものだ。自分より年下の三五歳の若手監督をなぜ「先生」と呼ぶのか、考えてみればおかしい。日ごろから「先生々々」と呼ばれているために、人格高尚になり、一目置かれる存在になったと勘違いしている柔道家もいる。

日本柔道界は、こうした「先生」たちを優遇する。大会の観客席は、ひな壇と呼ばれる正面の一番良い場所だ。国体などではお茶やおしぼりが出る。手伝いに狩り出された男女高校生らが記録を配る。だが、「先生」たちは自分の関係する記録を見るだけで他はそっくり机に残して帰っていく。それを一番欲しがっている記者席には配らない。そうした気配りをする「先生」はいない。

とにかく、組織のなかでは「先生」は偉くて大事な人なのだ。日常的に配慮されているので「先生」たちもそれが当たり前だと勘違いしてしまう。「先生」たちが特等席に陣取っているため、報道陣は後ろで立って取材する。私や「ｅｊｕｄｏ」の記者だけがゲリラ的に椅子を試合場近くに持ち出して見ることになる。「先生」たちの何席かを報道席にするだけで解決する話だが、待遇に満足した「先生」は他人のことなど思いやりはしない。

高校選手権、インターハイ、大学の団体優勝大会、講道館杯、選抜体重別などの大きな大会はすべて、与えられた報道陣席で動かずに決勝まで試合が見られることはない。遠くて見づらい。指定された記者席で決勝まで動かずに取材できるのは男女全日本大会、ＧＤＳ大会ぐらいなものだ。

柔道界の「先生」呼ばわりは、多分に嘉納治五郎師範の教えと関連している。師範は柔道の目的を「体育、勝負、修心（知力、徳性、柔道で学んだ理論を実社会へ応用する）と規定した。柔道修行のなか

報道席で取材できず決勝戦を“ゲリラ取材”する筆者。

でこの三つを修めることができれば立派な社会人になれるし、精力善用・自他共栄も実行できる人格者になれると多くの柔道家は思っている。錯覚に過ぎないのだが、高段者になればなるほど柔道とのかかわりが長くなるので、その度合いも大きくなる。一般の人から見れば柔道七段、八段などといってもそれは柔道が強かったか長年柔道界にいただけのことで、それで人格高潔になったとは思えない。

人格の形成は、前述したように単純ではない。ただ、人生にまじめに向き合うことでしか作られていかないものであることは確かだ。女性を一段下に見たり、人を殴ったり、それを平然と横目で見ていたり、間違いを先輩だからと指摘できないで得られるとはけっして思えないものである。

多くの柔道人は、嘉納師範の柔道は教育であるという師範のいう一面だけを見て、そのなかで生きてきた自分を過大評価しがちだが、「先生」と呼ばれることに違和感を持たなくなったら、それは要注意だといっておこう。

二年で復帰の上村講道館館長

現在、講道館館長は上村春樹が努めている。上村は、体は大きくはなかったが組み手のうまさや、足さばきを鍛えるために坂道を猛ダッシュで駆け下りて足の回転を速くし、全日本に二回優勝した。一九七六年のモントリオール五輪でも無差別で絶妙なテクニックで金メダルを獲得した。

上村は、二〇一三年七月三〇日までは館長と全柔連会長という二つの異なった組織のトップだったが、国からの助成金の不正受給や全日本女子チーム監督の暴力指導の責任をとって七月の臨時理事会で全柔連会長を辞め、講道館館長の職は継続した。全柔連会長の座に固執し、ＩＪＦのＭ・ビゼール会長まで臨席させ都内で記者会見をおこない、自分への支持を演出して見せた上村だったが、助成金の不正受給は、吉村和郎強化委員長と上村の責任が最も大きいと第三者委員会から指弾されての会長辞任だった。

ところが、二〇一五年三月四日の常務理事会で上村は全柔連の顧問に復帰した。最初は拒んでいたといわれるが、当時の全柔連の近

昇段の権限を持つ上村春樹講道館長は自著『やりきる』（きこ書房発行、2011年）のなかでリーダーの条件を述べている。

石康宏専務理事の「彼には資格がある」の声を無視できず古巣へ戻った。たった二年間の外様暮しだった。顧問は実行機関ではなく、名誉職のようなものだが、全柔連の組織内に戻ったことに違いはない。常務理事会では一部の理事の復帰は早すぎるとの意見もあったというが、全柔連は上村以外に複数のレジェンド柔道人と抱き合わせにすることで復帰を要請した。

上村の復帰は、ビゼールとの深い関係なども要因だったと思われるが、上村が講道館館長として昇段の決定権を持っていることも無視できなかったのだろう。

全柔連と講道館とは、目的が違う組織であるにもかかわらず、一人が両方のトップに君臨してきた日本柔道界のあり方自体がおかしいのだが、もともと敗戦後、一九四九年に全柔連が創立されたときから講道館館長が全柔連会長も務めるという形を採ってきた。それが二〇一三年の一連の事件後、あるべき姿になったといえるが、段位の授与は講道館長の権限になっており、それが日本柔道をゆがめる一因を作っているともいえる。

古参の柔道人にとって昇段は名誉であり強い願望で、七段、八段の高齢者柔道人は、十段は無理としても、もう一段、昇段したいと思っている。昇段の権限を独占している講道館館長はその意味では非常に大切な人なのである。十段は講道館館長の専権だし、九段にしても先輩の九段柔道家が審査するといわれているが、これとても館長が「ダメ」といったら昇段はできない。

柔道人は八段以上の段位を取得すると昔からお祝いをやる人が多い。その土地の名士に列せられたというわけである。有力者を招いて昇段記念祝賀会を催すこともある。しかし、それがやれるか否かは講道館館長の匙加減にかかっている。たとえ地方連盟からの推薦があっても講道館の資格審査会を通らなければ留め置かれる。

全柔連の理事や常務理事は多くが七段以上八段くらいの人が多い。自己の昇段のためには講道館館長である上村を立てる必要があるわけだ。上村を全柔連の組織内に復帰させる心理にはそういう忖度が働いている、と見てもおかしくはない。

日本発のルール改革はなし

M・ビゼール（オーストリア）が二〇〇七年にＩＪＦ会長に就任して以来、柔道は大きく様変わりした。ＩＪＦルールはビゼール会長の、柔道を魅力あるスポーツにする、国際的に選手や関係者が柔道で生活基盤を築けるようにする、オリンピック種目にいつまでも残る競技にしていく、という考えが大きく反映し、ビゼール改革といっても良いくらいである。ビゼールはルールも分かりやすくし、競技そのものの魅力を引き出す努力を続けている。

こうした考えのもとに、世界大会は毎年開催し、IJFワールドツアー（GDS＝グランドスラム大会、GP＝グランプリ大会、Wマスターズなど）を創設、財政的基盤を十分でないものの一応確立させている。

出場選手は、世界大会、Wマスターズに優勝すると六〇〇〇ドル（約六七万円）が支給される。GDS、GPの優勝者はそれぞれ五〇〇〇ドル（約五六万円）、三〇〇〇ドル（約三四万円）をもらえる。大会は年二〇回以上あるので、何回も勝ったり上位に入賞する選手は柔道で賞金を得、クラブ教師で収入を得、企業と契約してコマーシャルなどでも報酬を得れば競技と生活を両立できる。欧米にはそういうトップ選手も多い。ビゼール会長はこうしたアイディアで組織を運営し、がっちりIJF内部を抑えている。

カラー柔道衣もビゼール会長時代に定着した。赤畳（危険地帯を示し、攻撃・防御なく五秒以上立っていると「指導」が与えられる）の廃止、抑え込みは講道館ルールの三〇秒だったのを二五秒にし、さらに二〇秒で「一本」に短縮した。延長戦（GS＝ゴールデンスコア）を設けて旗判定をなくし、時間無制限で勝負を分かりやすくした。相手の攻撃に対して下半身を触ったら以前は反則負けだったが「指導一」に変えた。「有効」ポイントを廃止し、「技あり」と「一本」の二つにしてファンに分かりやすくした。一旦は「技あり」二つで「一本」を廃止したが、合理性があると分かるとすぐ復活させた。

また、世界団体戦を創設して柔道人気を創出した。審判員三人制を止めて一人にし、ジュリーの権限を強くして試合進行に責任を持たせスピーディーにした、などすべて分かりやすく魅力のある柔道につながっている。

ＩＪＦルールは、そのまま日本柔道界のルールになり、全日本選手権など、二〇一〇年までは講道館試合審判規程でやっていたが、いまはほとんどＩＪＦルールである。講道館ルールで残っているのは「有効」と無差別があるだけ。

矢継ぎ早のこうした改革は合理的なものも多いが、女子の試合時間を四分にするなど、納得できないものもある。この点は後述するが、問題は柔道創始国の日本がルール改正について何らの発信もできないでいることである。それは詰まるところ、柔道をどうするかについてビジョンも見識も持っていないことの証左でもある。

合理性がないのにＩＪＦに反対できない全柔連

女子の試合時間を五分から四分にすることは、二〇一三年一一月二九日〜一二月一日におこなわれたＧＤＳ東京大会の際、ビゼール会長と山下全柔連副会長が記者会見で発表した。

ビゼール会長は、「時間が短くなればダイナミックな試合展開が予想される」と語ったが、時間が短縮されたとしてもその通りになるかどうかは保証の限りではない。四分にしたのは、推測すれば日本対策でしかない。日本の選手は欧米の選手に比べるとパワーには劣るが持久力は上回っている。短時間決戦型の欧米の選手は四分なら最初からフルスロットルで前に出ることが可能だ。先にポイントもとれる。「四分」には欧州有利へ導こうというＩＪＦの下心が見え隠れしていた。

日本女子選手は当時、二〇一〇年の東京世界大会は金メダル六個。一一年パリ世界大会は三個と世界トップの女子柔道強国になっていた。だから、ヨーロッパに少しは有利になるようにという思惑が働いたのだろう。

この時間短縮について当時、私は専門家に聞いた。運動力学が専門の射手矢岬（東京学芸大教授）は「最高のパワーを発揮するには三分程度が限度だ。それを考えると短いほうが欧米の選手には有利になるかもしれない。ＩＪＦが生理学上といったって持久力は女性のほうが優れている面がある」。

全日本女子のチームドクターとして長年かかわった経験を持つ目崎登（筑波大名誉教授、医師）は、「四分の医学的根拠はない。理由が分からない。乱取りなんか一〇分くらい平気でやる。五分でやってきたが、けがが多すぎるとか子供を産めなくなったというのなら別だが、そうした確かなデータはない。生理学上といったって女性と女性がたたかうわけで、いっていることには違和感がある」。

小俣幸嗣（筑波大教授）は「五分で問題があったわけではないだろう。ダイナミックといったって、いまは試合の七割が『一本』で決まっている。単なる政治的決着だろう」（いずれも『近代柔道』二〇一四年一月号）。

三氏とも四分にする科学的根拠はないと断言している。ところが、これを提案するビゼール会長に対して全柔連は何ら疑義を差し挟まず、記者会見に同席していた山下全柔連副会長もこのとき何の説明もなく、会見は共同発表のようだった。

カラー柔道衣も大反対から手のひら返し

カラー柔道衣（青色）の日本国内導入に、全柔連は当初、強硬に反対した。だが、IJF総会で押し切られるととたんこれまでの反対論などどこへいったかのようにホイホイとカラー化に従った。これを悪いとはいわない。多数で決まった以上従うのは一つのルールだから。だが、白でなければ日本の伝統文化は崩れるとまでいって大反対していたのに、ころっと反転するのはいささか滑稽だ。

カラー柔道衣は故Ａ・ヘーシンク（オランダ＝元ＩＪＦ理事）や朴容晟（韓国＝元ＩＪＦ会長）らが導入の急先鋒だった。見やすい、オリンピック種目に残るために観客にアピールできる柔道衣が必要、というのが導入の大きな理由だった。

全柔連は一九八三、八九年にＩＪＦが提起したカラー化案にアメリカ、オセアニア諸国などと図って反対し食い止めた。だが、ヨーロッパ柔道連盟のカラー化実施の動きは急で、九七年のパリＩＪＦ総会で「ＩＪＦの主催する大会はカラー柔道衣を導入する」という案が賛成多数で採用された。九八年になるとＷ杯国別団体戦で初のカラー柔道衣による試合がおこなわれた。世界大会は九九年バーミンガム大会から、オリンピックは二〇〇〇年のシドニー大会からカラー柔道衣使用になった。

その後はカラー化の波が押し寄せ、国内では二〇一七年の学生大会で初めてカラー柔道

今ではほとんどカラー柔道衣の試合だ。
写真：（株）ｅｊｕｄｏ提供

衣を導入。いまでは男女の全日本選手権と中学、高校の大会などに白柔道衣が残っているだけになっている。

カラー柔道衣に関して全柔連は当初、①青と白に分けることによってメリット、デメリットが生じ、競技者はすべて公平であるとの原則が成立しない、②一一〇年間の白柔道衣と黒帯を重んじるべきで、これは柔道の大きな特徴だ、伝統を破って柔道が発展するのか、③発展途上国にとっては青、白の柔道衣を揃えるのは経済的負担が大きい、④日本では生死をかけた勝負のとき白は決意を示す色だった、清潔感もある、⑤多くの人が白柔道衣が美しいといっている、⑥嘉納治五郎師範は柔道は青少年の教育活動に非常に有効であると考え世界に普及させた、そういう意味からも柔道衣は純粋な色として白がふさわしい、などと主張していた。

なかには「花嫁が白無垢を着て嫁ぐのは嫁いだ家風に染まるように純白なのだ。柔道も初心者は成長してだんだん柔道になじんでくる。だから白は柔道教育の象徴のようなものだ」という訳の分からない陳腐な反対論を展開する幹部もいた。このほかにも「青は武道らしくない」、「美観を損なう」、「赤白の帯を締めれば十分見分けはつく」（実際は寝技になったら非常に見づらい）などなどの意見も柔道部学生のアンケートなどで出ていた。

これらの反対理由はほとんど精神論や教条的で、合理性とオリンピックに残るための最上策と主張するＩＪＦに押し切られるのは目に見えていた。

伝統と歴史におぼれ世界の改革の流れが読めず、最初は反対するが合理性に押されて退く、後はいわれるがまま。自ら主張した意見もきれいに忘れて検証もしない。柔道創始国のプライドはどこにも見えない。

世界大会毎年実施も最初は反対

世界柔道選手権は一九五六年に第一回が東京でおこなわれた後、オリンピック年を除き原則として二年おきに開催されてきた。一九八〇年から女子の世界大会がやはり二年おきで始まり、八七年に男女共催になってからも二〇〇九年までは二年おき開催だった。二〇一〇年からオリンピックイヤーを除き毎年の開催になった。

全柔連は、朴容晟（前ＩＪＦ会長）が二〇〇〇年のＩＪＦ理事会で「世界大会の毎年開催」を主張したときは「オリンピックの年を除いた三年間に世界大会が行われるようになったら選手に大きな負担、発展途上国にとっても費用の点で負担がかかりすぎる」と反対した。

だが、二〇〇七年九月にＭ・ビゼールがＩＪＦ会長に就任し、世界大会の毎年開催、オリンピック参加の選抜選手は世界大会やＧＤＳ、ＧＰなどの世界柔道ツアーで世界ランキングを作成し、それによって決める、と提起されるとすんなり従った。

「反対」の確固たる論拠をもたない悲しさといおうか、それとも、毎年開催ならチャンピオンを何人も誕生させられると打算が働いたか。反対論は雲散霧消した。

気づくと、全柔連はビゼールＩＪＦ会長の現実的な改革構想についていくだけの存在になっていた。要するに、柔道をどうしていくかの自分の考え、ビジョン、論理……をもたない、タテ社会の上意下達、男偏重の日本柔道の体質をさらけ出しているのである。

安全無視の〝無差別〟小学生学年別大会

全国小学生学年別という大会がある。二〇〇四年に第一回が開かれた。現在六〇キログラム級で活躍している元世界チャンピオン、東京五輪金メダルの高藤直寿（パーク24）が五年生の部（当時栃木・野木町柔道クラブ）で優勝し、六年生でも連覇した。この大会は男女の五、六年生が出場する。体重区分は当初、五年男子が四〇キログラム級と四〇キログラム超級。六年男子は四五キログラム級と四五キログラム超級。女子は五年が四〇キログラム級と四〇キログラム超級。六年が四五キログラム級と四五キログラム超級だった。

私は第一回大会時、次のように指摘した。

「体重区分が各学年とも二つだけ。小六男子などは四六キログラムの選手と九〇キログラムの選手がたたかうことも容認している。この年代は技術は未熟でも体が大きいほうが相手を巻き込んで勝つことも多い。そういう柔道ではけがが心配だ」

この体重区分は二〇〇六年まで続き、二〇〇七年からは五、六年生とも男子は五キログラムアップして五年は四五キログラムと四五キログラム超級。六年は五〇キログラム級と五〇キログラム超級になった。女子は元のままだった。二〇二〇年からは六年生に男女とも階級が一つ増え、男子は、①四五キログラム級、②六五キログラム級、③六五キログラム超級。女子は、①四〇キログラム級、②五五キログラム級、③五五キログラム超級とそれぞれ三階級になった。

この改定は半歩前進といえる。いまは小学生でも五、六年生の男子で一〇〇キログラム前後の選手がめずらしくない。そういう選手が常に勝つわけではないが、一〇〇キログラム対六〇キログラムという対戦が当たり前のようにおこなわれてきた。たとえば、二〇一八年の男子五年生の試合では九〇キログラム対五八キログラムという試合があった。当然のように九〇キログラム級が勝った。過去には五〇キログラム近い体重差の試合もあった。

これはもう〝無差別試合〟といって良い。技術がしっかりして鍛えている全日本出場の大人の選手ならともかく、未熟な小学生が大きな体重差を抱えながらたたかうのは危険だ。これまで大きなけが人が出なかったことがラッキーだったとしかいいようがない。

せめて、男女とも六階級くらいで体重差を少なくしないと大事になりかねない。そもそも小学生時代から全国大会を実施する必要があるのか。そのことも論議されるべきだろう。

全国の多くの町道場主や指導者は門下生を強くして成果をあげたいと思う。柔道を子どもにやらせる親は自分が柔道の経験者という人も多く、親の欲目が優先されることもある。なかには指導者に「(子どもを)厳しく指導してくれ」と頼み込む親もいる。全国大会があれば、指導者や保護者の思惑で成長期の小学生に減量や増量を強いることもある。本来なら楽しく柔道をやる年代にこれは危険だ。試合時間も二〇一〇年からはそれまでの二分から三分に延長された。それだけ危険を内包する時間が増えた。

大会は、「我が国の将来を担う小学生の心身ともに健全な育成を目指し、児童相互の交流・親睦及び正しい柔道の普及・発展を期する」と謳っているが、なぜ五、六年生なのか分からない。ジュニア選手の育成というなら中学生からでも十分だろう。小学生時代から勝敗にこだわって優劣を競わせるのではなく、楽しく、正しい柔道に親しむようにすべきだ。

体重、体格差を利用して巻き込んで勝つ試合もあるが、これは審判員がよほど厳密に判定しないと「無理な巻き込み＝反則」(講道館柔道試合審判規程の少年規定)に抵触するかどうかは分からない。交流・親睦も謳っているが大会は一日。選手は朝、試合場に入って負ければすぐ帰る。大会自体に交流・親睦の場はない。

いずれにせよこの大会は疑問符のつく大会といわざるを得ない。

ジェルビチョークと韓国背負い

世界の柔道は創始国の日本の技術を学び、そこから守破離を繰り返しながら発展してきた。

「守」は師匠の教えを守り精進すること。「破」は精進の結果一段と高みに達して師匠の教えを破って自分の境地を開く。「離」は過去のさまざまな教えや教訓を超越して自分独自の境地に達し師匠から完全に離れていく、ことである。

いま世界の柔道技術は多くは日本で完成したものが多いが、過去にはモスクワ五輪八六キログラム級三位のA・ヤスケビッチ選手（ソ連）や、八一年のマーストリヒト世界大会七八キログラム級で優勝したN・アダムス選手（イギリス）などの回転しながら十字に極める技が一世を風靡した時代もあった。多くの日本選手もこの技を取り入れた。

昨今は寝技の入り方、関節の極め方などにサンボやチタオバ、グレーシー柔術などの技術を取り入れ、様変わりしている。立ち技でもモンゴル相撲やシルム（韓国相撲）、クラッシュ（ウズベキスタンを中心にして中央アジアなどでおこなわれている柔道に似た投げ技だけの格闘技）、レスリングなどの技が柔道に入り込んでいる。柔道が世界に普及し、世界の柔道家が勝つための技術を試行錯誤しながら磨いた結果が現在の柔道技を多彩なものにしている。

最近ではY・ジェルビ選手（イスラエル）のジェルビチョーク（ジェルビ絞め）が記憶に新しい。

二〇一三年リオ世界大会六三キログラム級の優勝者で、一六年リオ・オリンピック銅メダルだが、変則の絞め方でメダルを獲得した。ルール上は軽微な反則で、「指導一」になる。だが彼女は、「リオ世界大会の前からこの技を使っていたが、審判員には一度も注意されたことはなかった」と語り、堂々と使っていた。リオ世界大会では審判員の不勉強を見越して確信犯的に絞めたと思われるが、分かっても「指導一」くらいどうということはないとの思いがあったのだろう。

この絞め方は、寝技に入るときに素早く自分の柔道衣のすそを帯から抜いて相手の首に引っかけて絞めるやり方だ。感心するのはジェルビ選手の勝利への執念。反則でも通り過ぎてしまえば金メダルだ。後からあれこれいわれても、金メダルを手にして母国へ帰れば英雄だ。

もう一つは韓国背負い。簡単にいうと右組みの選手が片襟もしくは両襟を持って右背負い投げに入り、自分の左肩越しに、斜め左前に落とす投げ方。二七〇度回転するので巧くはまったら投げられてしまう。受け身がとりづらい。一般に背負い投げは右組みなら右から入って自分の右肩越しに投げる。韓国背負いは一歩踏み込んで技術的に新技とした（日本の中学生は禁止技になっている）。

二つの技は危険性はあるが、ルールぎりぎりのところをついて考案している。外国選手の勝利への渇望感が新技開発の背景に表れている。

その評価は別として、イスラエルはパレスチナを浸食しつつアラブ諸国と常時、軍事力の優位性をはかって対峙している。国民皆兵で柔道選手も国家のためにも勝利は大事だと考える境遇で生きている。ジェルビ選手にとっての柔道は国家と自分の存在を実感できる大きなツールなのだ。少々ルールに抵触しようが反則だろうが軽微なら知らん顔して突っ走る。そして勝つ。

韓国は軍事境界線を挟んで北朝鮮と対峙している。朝鮮戦争は休戦状態で、成人男子には兵役があり、スポーツの国際大会、特にオリンピックやアジア大会で顕著な成績をあげると兵役免除の特典もある。大げさにいえば韓国選手は自分の人生をかけて柔道と向き合っているといっても良い。

一九九六年アトランタ五輪の四八キログラム級金メダリスト、ケー・スンヒ選手（北朝鮮）の場合も、アッと驚く作戦で畳に上がった。ケー選手のやり方が良いとはいわないが国を背負ってたたかう凄みは感じる。

ケー選手は本番の決勝戦、対田村亮子選手（帝京大四年）戦で柔道衣を変則の着方で登場した。普通前襟の合わせ方は右襟が内側で左が前（外側）だ。だが、ケーはそれを反対に着ていた。それもぴしっと体にきつく巻き付け、帯もきつく締めていた。

こうなるとどうなるか。田村選手は右組みだから相手の左前襟をつかむ。ところがきつく着ているし内側に隠れているのでどうしても一度自分の右手で左襟を引っ張り出さなくてはならなかった。田村選手にとっては初めての経験だったから戸惑いもあったろう。本人、コーチ、関係者は試合後「関係ない」と述べていたが、余計な手順や時間もかかる。握力も使う。結局、田村選手はなかなか右釣り手がとれず敗れた。

九七年五月一三日、私はケー選手の作戦参謀だった玄昌貴（ヒョン・チャンギ＝在日朝鮮人柔道協会理事長）にインタビューし、ケー選手の変則な柔道衣の着方を聞いたことがある。彼は「あれはいろいろ考えた結果だ」と簡単に答えた。勝つために必死に考え、確率を高める外国選手とコーチ。やり方はやや姑息な面はあるが、ぎりぎりまで考え勝利を追求する姿勢は見事だ。

翻って日本。強化選手はランクにもよるがトップクラスは全柔連から年間二〇〇万円以上の強化費をもらい、企業に所属していると成績次第でそこからも報奨金や給料が出る。学生は少々授業に出なくてもレポートで単位はもらえるし、社会人選手のなかには練習は母校でやって後はフリーというケースもある。

最近は午前中勤務、午後から柔道の練習という選手も増えてはいるが、イスラエルや韓国、北朝鮮選手のように厳しい国情のなかで柔道をやっているわけではない。

少々ルールに抵触しようが勝つことが自分と国家のためになるというジェルビ選手の境遇、心理など、日本選手には理解できないかもしれない。

柔道と武道――現代に武道は存在しない

多くの柔道家は口を開くと「柔道は武道だ」という。『全日本柔道連盟五〇年誌一九四九―一九九九』（全柔連発行）のなかでも多くの柔道家が柔道が武道であると発言している。柔道イコール武道だと錯覚している柔道家も多いので、重箱の隅を突くような真似はしたくないが、私にいわせれば、現代に武道は存在しない。武道に体重別や時間制限などない。

柔道は武道的な規範、礼儀や正々堂々の精神、質実剛健の気風などは継承しようとはしているが、武道には欠かせない定義がある。それは、武士道である。武士道とは、「江戸時代に儒教とくに朱子学に裏づけられて確立、封建体制の精神的な柱となり、明治以降国民道徳の中心とされた。主君への絶対的な忠誠のほか、信義・尚武・名誉などを重んずる」（広辞苑）もの、つまり主君また家主のためには死もいとわない道徳倫理である。武術やさまざまな格闘技は、主君を守るためのもので、死と隣り合わせの修行だった。明治近代以降になると、柔道や剣道は強兵づくりの一翼を担い、天皇と天皇制国家のために死ぬことを強要されて鍛錬に励んだ。武道というのは、かつては主君と藩（家）を、敗戦前までは天皇と国家を守る役割を担わされたのである。

私が、現代に武道が存在し得ないという理由はそこにある。現代の柔道は国家を守る役割などない。柔道は武道ではなく単なる格闘技系スポーツなのである。

日本武道協会の武道憲章前文によると「かつて武道は日本古来の尚武の精神に由来し長い歴史と社会の変遷を経て術から道に発展した伝統文化である」と説き、その第一条「目的」では、「武道は武技による心身の鍛錬を通じて人格を磨き識見を高め有為の人物を育成することを目的とする」としている。武道はもはや国家、主家との関係をいう時代ではないのである。

だが、柔道をかつての武道の一つだと妄信し、「男の道」ぐらいに考えているから、いつまでたっても男女差別はなくならないし、男性優位を当たり前にしているのではないだろうか。全柔連は、柔道がスポーツであることをもっと啓蒙しても良いと思う。

柔道創始国の役割

現在、蟹ばさみと立ち姿勢からの腕拉ぎ脇固めは、ＩＪＦルールで禁止技になっている。だが、この二つが認められていた時代もあった。一九八〇年の全日本選抜大会では、遠藤純男（警視庁）が山下泰裕（東海大大学院）の左足をこの技で骨折させた。このときは痛み分けということで山下の連勝記録は途切れなかったが、ルール違反ではない技で負傷して棄権なら、今日では負けになる。

一九九四年の全日本決勝では、金野潤（綜合警備保障）と吉田秀彦（新日鐵）がお互いに蟹ばさみで攻め合い、金野の立ち姿勢からの脇固めまで飛び出して、結局、金野が旗二本の判定勝ちで優勝した。

八〇年に山下が骨折したとき、全柔連内部で蟹ばさみを禁止技にするかどうかの議論が起きた。禁止派は「柔道が危険なスポーツと思われるのは好ましくない」と主張し、続行派は「禁止すれば柔道の伝統が失われる。武道としての技は残すべきだ」と反論した。だが、結論は出ず、しばらくは国内の大会では主催者に任せるということになった。九八年にＩＪＦ理事会で蟹ばさみが禁止技となり、日本もこれに倣って正式に禁止技になった。

私は八一年ごろ、当時拓殖大学の柔道部師範をやっていた木村政彦（元全日本チャンピオン）に、蟹ばさみが危険だという議論があるが、どう思うかと聞いたことがある。これに対して木村はこう答えた。

「それは受けが悪いからだ。普通、片足もしくは両足は跳ね上げられるのでそう危険性はない。だが、前のめりになって自分の重心が前がかりになっているときだと足の甲が返って骨折することにもつながる。正しく立って、自重をコントロールして足さばきをきちんとやればどうということはない」

柔道が柔術の危険性を排除して進化した形だとしても相手の死命を制する技としての蟹ばさみくらい残しておきたい。柔道人が柔道は武道だというのならなおさらだ。

いまは立ち姿勢からの脇固めもＩＪＦが禁止したので柔道はますます武術性を失っている。日本伝講道館柔道がＩＪＦと足並み揃える必要はないと私は思うのだが、オリンピック、世界大会のメダル獲得が第一義になっている全柔連は、いま限りなく国内のルールを

ＩＪＦルールに近づけている。武術として伝わってきたいろいろな技も禁止されて次第に廃れゆく。そうして最後はだれもやらなくなっていく。競技スポーツだけではない「柔道」の継承は、柔道創始国日本の一つの役割ではないのか。

「柔能制剛《じゅうよくごうをせいする》」の真髄

軽・中量級の柔道選手は、「柔道は柔能制剛だから無差別の全日本でたたかい大きい相手に勝ってみたい」とよくいう。この心意気は買える。だが、現在のルールで六、七〇キログラム台の軽量級の選手が一〇〇キログラムの大型選手に勝つことは不可能に近い。現代柔道における柔能制剛という言葉はもはや死語といっても良い。

「柔能制剛」は、もともと中国の故事から伝わった言葉である。後漢の光武帝が天下を平定して間もないころ、麾下の武将・馬武たちが「宿敵匈奴はいま飢饉に見舞われ国力が落ちている。この好機を逃がさず出陣して匈奴を討ちましょう」と光武帝に進言した。このとき光武帝は、昔の兵法家・黄石公の著『包柔記』を引用して諫めたという。

「柔能く剛に勝ち、弱能く強に勝つという。いま、中国は剛強だと慢心し、匈奴は柔弱だと侮ってかかれば剛強なわが軍は必ずや油断し柔弱なる匈奴はきっと奮起して勇戦する

に違いない。そうなれば剛強なわが軍はかえって敗北する」（奥野信太郎編『中国名言集』、河出書房新社）

『名言集』はこのほかにも、「兵法書『三略』には柔能く剛を制し、弱能く強を制すとあり、『老子』にも柔、剛に勝ち、弱、強に勝つとある」と紹介している。

「柔能制剛」はこのように、相手を弱そうだと侮ってかかると強者でも逆に敗れるという意味で使われていたのである。これが日本に伝わり、投げる、極める、突く、固める、絞めると何でもありの柔術が己の流派に取り込んだ。

『大日本柔道史』（一九三九年、講道館発行）には、天神眞楊流柔術の始祖・磯又右衛門正足が当身《あてみ》を研究することで奥義を悟ったとして次のような話が載っている。

「戦場においては組打ちが第一とされ、敵によってこの当身の術を行うことは諸流の教授するところであったが、これら諸流では未だ真の当身を修行しなければ勝利を得ることはおぼつかないことを悟り専ら当身の研究に心血を注ぎ、柔能く剛を制するの真意を得、柔術の奥義を得た」

当身とは、拳、肘、足先などで相手の急所を突いたり打つ技である。これを使えば、いくら大男でも倒すことができる。だが、柔道では使えない。

これまで無差別の全日本を見てもほとんど重量級や超級選手が優勝している。よく引き合いに出る岡野功（中大卒、全日本優勝二回）にしても、八〇キログラムの中量級で昭和四〇年代の日本人としては小さいとはいえない。

これが六〇キログラムとか七〇キログラムというのなら柔能制剛もありえようが、組むことが大前提で、組まないと「指導」が来るいまの柔道では小さい者が大きい相手を動かすことは難しい。軽量級の柔道家が柔能制剛に近づくためには、せめて全日本ぐらいIJFルールをやめて独自ルールで開催し、朽木倒し、蟹ばさみ、双手刈り、踵返し、立ち姿勢の関節技など、小さい者が使える奇襲技を復活させる以外ない。

嘉納師範と「柔能制剛」

嘉納師範は単純に柔能制剛を説いてはいない。『大日本柔道史』（一九三九年講道館発行）に、嘉納師範の「柔道の根本精神」と題する遺稿が載っている。

「柔能く剛を制すとはここに一人の相手がいて仮に十の力を持っている。七の力しかない自分がこれに相対峙したとする。十の力を有する者が全力をあげて私に突っかかって来たときには私は七の力全体を用いても十と七であるから七は負ける。

必ず十の力を持つ者が勝つに決まっている。けれども、向こうから十の力の者が突っかかってきたときに七の力の者が反対せずに、押してくる力に順応して己の体を引く。そうすると、十の者は自分が突っかかっていくその力に反抗するものがないから前にのめる。

前にのめれば元は十の力を持っていた者があるいは三という僅かな力になってしまう。ところが、七の力を持っている者は押されて体を崩されるのではなく故意に己の体を引くのであるから、元の姿勢を維持して依然として七の力を持っている。

だから、現在自分の持っている半分の力すなわち、三つ半の力をもって相対しても三に減じてしまった力には勝てるわけになる。向こうから自分に突撃して来たときにこれに反抗せずその力に順応して己が体を引いたときには向こうが弱る。弱ったときには己の半分の力を持っても彼を倒すことができるのである。

要するに反対すれば力が少ないから負けるが順応して退けば向こうの体が崩れて力が減ずるから勝てる。柔能く剛を制すという理屈になる」

だが、嘉納師範はいつでもこの理屈が通用するとは限らないという。

「仮にだれかが私の手首を握るとする。その握られた手はどうなるかというと、ここが丁度梃の支点になって、母指と他の四本の指とで握ろうという力に対して、全身の力を手首に働かせてその握ってくる力に対抗せしめるのであるからこのほうが遥に強い。

しかも、ここが梃の支点になるから訳なくとる。これが果たして、柔能く剛を制する理屈でとったのかというとこれはそうではない。巧に力を利用して強い力が弱い力を破るということで、柔能く剛を制するのではない。

又勝負のときには相手を蹴るということがある。この場合は柔能く剛を制するとはいえない」

さらに、

「こう考えてみると柔よく剛を制するというようなことはいくつもある理屈の中の唯一つの理屈に止まるのである。だから、柔能く剛を制すということは大きな包含的の言葉ではない。而して昔の柔術という体術《やわら》でも柔よく剛を制するの理屈ではその技の全体を解き明かすに足らず、ただその一部の技を説明するに止まるのである」

多くの柔道家、競技者は、柔能制剛が柔道全体の理合いのように理解している向きがあるが、嘉納師範は一部の技を説明しているに過ぎないといっている。

一六七センチメートル、六七キログラムの体格で全日本の八強入りしたこともある大沢慶己十段は、「柔能制剛といったって最後はやはり体の大きい者には負ける」と二〇〇六年一月一〇日、十段になったとき、私のインタビューで答えている。経験者の言葉には説得力がある。

一九九〇年の全日本で稀代の業師で七六キログラムの故古賀稔彦（日体大大学院）が決

勝まで進み、一三〇キログラムの小川直也（ＪＲＡ）と対戦したが、最後は左足車「一本」で完敗している。

力は技術に勝ることのほうが多い。技術を生かすにはそれを生かす力が必要だということだ。

沈黙の全柔連事務局——濃厚接触でコロナ罹患

かつて九〇年代ころの全柔連事務局はわりあい開放的だった。だが、昨今は部屋に入ったとたん、暗い雰囲気だ。皆黙って下を向いて仕事をしている。近石康宏が専務理事だったころはまあまあ明るい感じはあったが、現在の中里壮也専務理事になってからはとっつきにくい雰囲気が漂っている。

そんな事務局から二〇二〇年春にコロナ感染患者が何人も出た。狭い部屋に多くの事務局員が作業していたために濃厚接触の疑いが強かった。

他の競技団体でも感染者はいたが、集団でコロナ感染は全柔連事務局だけだった。全柔連は三月三〇日に事務局を原則閉鎖。しかし、三一日には新型コロナウイルス対策委員会と四月の全日本選手権大会の実行委員会が開かれた。当日は中里はじめ多くの事務局員も出勤し、作業にあたった。閉鎖は事実上無視された。その結果、三九人の事務局員のなかで二六人が発熱する騒ぎになった。四月一六日にはＰＣＲ検査で陽性になった事務局員が中里を含めて一九人。事務局はクラスター発生で五月いっぱい閉鎖になった。一九人の事務局員がコロナ禍から復帰し事務局に戻ったのは「五月二二日」（中里）だった。

このコロナ騒動は事務局を統率する中里の責任が大きい。陽性者が多く出ていたにもかかわらず、感染源を追求することもなく、中里自身当初はマスクもしていなかった。事務局内部の情報もお互いには交換できず、情報は新聞で知るという事務局員もいた。風通しの悪い事務局になっていた。肝心の中里も四月一三日に入院、二二日に退院している。

中里は二〇一五年四月から事務局長に就任。理事会が終わった後に柔道記者らに理事会の報告をする役割を担っていたが、非常に雑だった。近石が専務理事のころは資料も提出し質問にも詳しく答えたが、中里になってからは会議のレジメ一枚をポンと出し「何か質問は？」というだけ。レジメ一枚では質問のしようもなかった。記者はありきたりの質問をしてお開きになっていた。

事務局は全柔連の施策推進の要だが、その本丸がこれでは先行きは暗いといわなければならない。

前、現専務理事の違い

全柔連の前専務理事だった近石康宏は東大柔道部出身で、大阪府警本部長を務めた。二〇一三年の一連の事件をうけ八月二一日の評議員会で専務理事になった。近石は全柔連の内規を整備したり、試合に勝ったときのガッツポーズをしないように説いた宗岡正二会長の改革・改善路線を進める要の存在になった。女子の白線入り黒帯を廃止したり、成年男子を優先させていた国体を、少年男子、女子も三年に一回は四七都道府県のフル出場できるように変えたのも近石の働き掛けが大きかった。

山下が評議員会から報道陣を締め出したときに別室で会場内の音声を流す方策を提起したのも近石だった。山下の非公開施策を批判するわけでもなく黙ってフォローしていた。宗岡会長、近石専務理事時代はおおむね改革・改善の方向はぶれなかった。女性が全柔連の歴史のなかで初めて三人理事になったし、評議員会にも女性評議員が増えた。

全国柔道事故被害者の会と協議会の席を設けたのも宗岡・近石コンビのときだった。このときも近石は「暴力的な指導やしごきの延長線上に柔道事故が多い。全柔連はこれまでは医学的な見地から事故防止の活動をやってきたが、暴力的指導に対しては医学的な知識など何にもならない。今後は指導者の意識改革が必要だ」と従来の事故への認識を変えて一歩踏み込んだ理解を示した。

全柔連重大事故総合対策委員会が作成した『柔道事故判例集』も近石の隠れた功績といえる。中学・高校などのクラブ活動時や試合中に起きた柔道事故が、一九六六年から二〇〇八年までの二五例が掲載されている。資料的価値も高い。本来なら、全柔連としたらなるべく隠したい事故例だが、「事故防止に役立つなら」と作成を指示し、メディアに配布した。

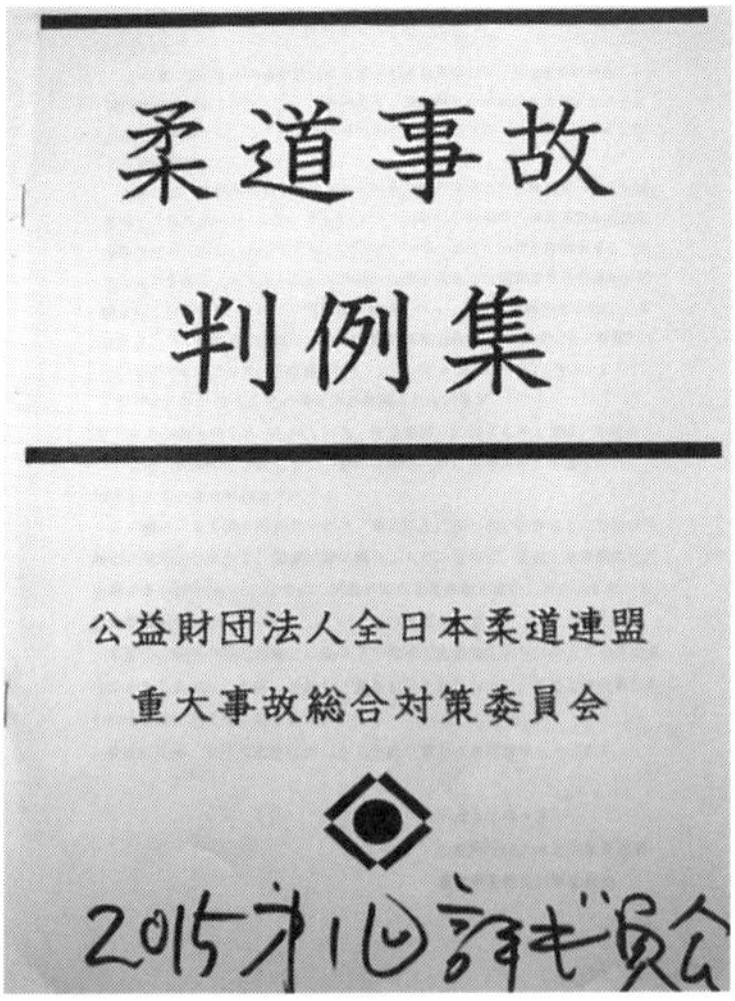

柔道事故の判例集はさまざまな事故を検証するうえで貴重な資料となっている（全柔連重大事故総合対策委員会作成＝15年５月）。

近石は七〇歳定年制で二〇一九年六月に退任した。その後に中里が全柔連に入ってきた。中里になってから日本柔道界の改革改善が後退した感を受けるのは私ひとりではない。

【V】日本柔道界への提言

隠ぺいと少数の関係者のみで問題解決を図る手法の廃止

二〇二一年二月、「産経」が「全柔連パワハラ隠蔽か」（二六日）、「山下会長パワハラ指摘放置」（二七日）と、山下全柔連会長批判の記事を載せたことは前述した。

記事は、全柔連の前事務局長Y・Yが在職中、職員に対して大声で叱責するなどのパワハラ行為をくり返し、職員がコンプライアンス委員会に訴えて委員会が調査、山下に報告書を提出した。ところが、山下は副会長と話し合って処分せず、報告書も理事会に知らせずに不透明な処置をしている、というものだった。

山下は二六日、急遽記者会見をおこない、前事務局長のパワハラ疑惑を指摘した報告書をコンプライアンス委員会から二〇二〇年一一月に受け取っていたことを明らかにし、「対応は一任されていた」と釈明した。また、「全柔連の倫理・懲戒規程には当事者の弁明を聞くという項目がある。だが、当事者が一切接触を断っているので処分は行えない」とも述べた。

結局、疑惑は疑惑のままに置かれ、新事務局長T・Kを早々に就任させたものの、その経緯は職員に何の説明もなく、むなしく時間が流れた。後日、山下はオンラインの職員講習会で対応に不備があったことを謝罪したというが、うやむやにしたという印象は拭えない。なぜ理事会に諮らないのか、権威・権力を笠に着たパワハラ行為になぜ断固とした態度で臨まないのか、まったく理解のできない対応である。

さらに三月二三日には、愛知県の河原月夫会長を含む執行部の刷新を勧告した全柔連コンプライアンス委員会の「勧告書案」を山下がひとり握り、河原会長との面談でも勧告書案の内容を伝えず、提示もせず、「注意喚起」だけで済ませていたことが再び産経新聞で報じられた。

この勧告書は、愛知県連会長の暴言、品位を害する行為や県の会計処理が不明朗である点を全柔連のコンプライアンス委が調査し、二〇二〇年一一月二六日の常務理事会で山下に提出していたものだという。

産経新聞の報道が出たその日の夕方、山下はまたも釈明会見を開いた。山下は、「副会長にも意見を求めたが、直接行って伝えるほうが効果は大きいという意見だった」として、二一年一月に河原と面談したことを明らかにした。しかしそこでは、勧告書の内容を伝えることなく、「注意喚起」のみで済ましたのは前述のとおりである。山下は、河原が非を認めない場合は「理事会に諮ることも考えていた」というが、一連の行動について理事会に報告はしておらず、どこまでそれが本気だったかは疑わしい。

この二件にも見られるが、山下は必ず「副会長と相談した」といい、自分ひとりでやったのではない、という。だが、その副会長は元高体連柔道専門部長、元埼玉大教授、元厚生省官僚（女性＝外部）、新日鐵副社長（外部）という人たちで、山下に面と向かって意見をいえる人たちではない。柔道界の事情を知らない外部推薦の人たちはもとより、柔道界の人間だとなおさらタテ社会を意識し、国民的英雄だった山下に意見をいうのは難しい。

結局、山下の考えが優先され、せっかく作成した勧告書は内容が相手に伝わらないままになった。勧告書は、愛知県柔連の不明朗な出金、積立金の取り崩しなども記載されているといわれ、単に「注意喚起」で済ます問題ではない。山下は対応について、「コンプライアンス委員長にはこの件は報告しており了承してもらっている」と語ったが、二〇年一一月に報告書を受け取っていながら四ヵ月も理事会に知らせておらず、理事会軽視は免れないし、報告書を軽んじていたといわれても仕方がない。さらに言えば、副会長との少人数での話し合いは全柔連の正式の〝機関〟の話し合いではない。単なるアリバイだ。

山下のこうしたやり方は、全柔連をかつての閉鎖的な組織に後戻りする危険性をはらんでいる。宗岡前会長が強調していた「闊達で開かれた全柔連」と真逆の方向だといわなければならない。全柔連が抱える改革改善の諸課題はたくさんあるが、まず第一に指摘しなければいけないことは、会長である山下のこうした隠ぺい体質や限られた関係者だけで事案を処理するやり方を止めることだ。全柔連改革の初めの一歩は、山下会長の組織運営の姿勢を是正することにあるといってよい。山下は全柔連会長になった時のインタビューで恩師・佐藤宣践・東海大名誉教授の言葉を語った。

「泰裕、物事は一人の力では成せないぞ。何かやろうとしたらチーム力だ。総合力だ。いかに自分が頑張るかだけでなく、どれだけ多くの人を巻き込むか、多くの賛同者を得て物事というものは動いていくんだ」。（『近代柔道』二〇一七年九月号）

山下はこのアドバイスを忘れているのでは？　全柔連会長に就任したとき、「一昨年（二〇一五年）、当連盟は内閣府から『スポーツ界の模範となる団体となった』との評価を得られるまでになりました」（『近代柔道』一七年八月号）と語っているが、理事会に諮らず副会長との話し合いだけで物事を進め、評議員会やＪＯＣ理事会も非公開にしてきた山下の一連の言動、行動を見ると、今や全柔連は透明性や自立性が崩れてきているように思われる。隗より始めよ、である。山下には、自身の体質や手法を改めることが喫緊のこととして求められている。オープンにすればみんなが知恵と力を貸してくれる。山下の正念場である。

暴力・体罰の根絶

日本柔道界は、暴力、体罰が日常茶飯事にある。私は一九九〇年ごろから専門的に柔道界の取材をしてきたが、いたるところで指導者や上級生が生徒、門下生、後輩を殴ったり蹴ったりする場面を見てきた。

毎年夏、福岡市でおこなわれる「金鷲旗大会」など、最近こそ少なくなった感じはするが、以前は監督が負けた選手を薄暗い体育館の片隅に連れ込み、ビンタしたり口汚くののしる光景をよく見た。チームは勝ったが勝ち方が悪いと皮靴で選手を蹴り飛ばす指導者さえいた。

二〇一三年に一五人の全日本女子選手に告発された園田隆二（女子ナショナルチーム監督）は、自身が体罰を受けた経験について「私自身は厳しい指導や叩かれたことはありましたがそれを体罰だとは思ったことはありません」（『近代柔道』一三年三月号）と語っている。多くの、特に男子選手のほとんどは園田監督のような受け答えをする。叩かれたことで自分は強くなれた、柔道とはそういうものと思い込んでいる。体罰はいけないことだと思っていても、選手たちは告発することをためらう。監督は自分たちのために怒ってくれるのだと自ら思い込ませる。

一流選手でも多くが小・中学時代などで指導者から体罰を受けた経験を持っている。二〇一二年のロンドン五輪で男女合わせて唯一の金メダルを取った松本薫（帝京大卒）は、〇五年の全日本ジュニア優勝時に私の質問にこう答えている。「一回だけ柔道を止めようと思ったことがあります。小四のときにばんばんはたかれてもう嫌って思って……」（『近代柔道』〇五年一一月号）。松本は、「負け犬になるのがいやだったから」柔道を止めずに頑張ったが、みんなが彼女のようではない。嫌気がさして柔道から離れていく者もいる。それが柔道の登録人口の減にもつながっている。

暴力、体罰をなくさない限り、日本柔道界の明日は暗い。全柔連は「暴力根絶宣言」を二回も発出して選手、指導者らに喚起を呼びかけているが暴力事件は一向に減ってはいない。この大きな理由は、前述もしたが、ペナルティが大甘だからだ。イギリスやフランスなどでは、柔道

「引き出しを多くすれば殴らなくても指導できる」と語っていた古賀さん。
撮影：フォトグラファー・武馬怜子

クラブの指導者がポンと頭を叩いただけで指導者資格は剥奪される。日本では、指導者が選手や門下生を足蹴にして三ヵ月の重傷を負わせてもたかだか一年の指導者資格停止だ。彼我のこの差。

イギリスでは、指導者資格を剥奪されたらクラブへの出入りはできないし、収入にすぐ響くが、日本では、自宅が道場になっているとか道場の隣に体育教官室があるとか、寮監だったりなど、道場への出入りや選手との接触を監視するのが難しい。指導停止といっても「独り言」で選手へのアドバイスはおこなえるし、コーチと話すこともできる。ペナルティは当事者に何の制約も与えないのだから、一年間の指導者資格停止処分を受けた大学柔道部前部長が高校選手権の会場に出かけ、視察員席に座り試合を見ていたなどという光景に出くわすのである。

重罰主義に傾きたくはないが、ペナルティを実効性のあるものにしない限り、何回「暴力根絶宣言」など出しても暴力・体罰はなくならない。実効性の点では山下自身が二回目の「暴力根絶宣言」（二〇年一〇月三〇日）で「本宣言発出後も、上記暴力行為等を行った者に対しては、これまで以上に厳しい処分で臨む」と、厳罰にすることがペナルティの実効性を高めることを示唆する発言をしている。

私がさしあたり考える具体的なペナルティのあり方と提言は以下の通りである。

① 暴力指導者が関係している学校やチーム、道場、クラブは、ペナルティ期間中の大会出場を認めない。代理コーチの引率も認めない。「選手には責任はないから理不尽だ」という声が出てくるが、くり返し述べてきたように、暴力行為は指導者だけの問題でなく、それを「指導」として受けいれてきた側の問題でもある。見て見ぬふりをしてきた関係者の責任も大きいのである。その注意喚起と認識があらたまる間、強力に実行する必要がある。

② ペナルティを受けた者には、その期間、研修を義務づける。たとえば月一回、自費で全柔連に集合させ、暴力・体罰がなぜいけないのかの講義を受け、集団討議し、レポートを提出するなど、単にペナルティを与えるだけでその後のフォローは何もない現状を改める。

研修は、社会人としてのあり方が問われる問題として、柔道指導をつづけるかどうかに関わりなくおこなう。

講習内容としては、柔道指導の基本、嘉納師範の暴力に関しての教え、暴力と競技力の向上の関連、筑波大名誉教授・中村良三など暴力なしの指導をおこなっていた経験……などがあげられる。古賀稔彦（環太平洋大総監督）がいれば含蓄ある非暴力の指導が聞けたろうと思うと、いまさらに彼の早世が惜しまれる。

③ 指導者資格を持たずに道場やクラブで柔道を教えている柔道家に、C級でも資格をとるよう啓蒙する。時期を見て柔道指導には資格を必須とするよう制度化する。その際、暴力指導の排除を徹底する。現在、資格を持っている指導者に対しては、全柔連が非暴力の柔道指導の基本を研修し、受講を義務づける。また教本を作成してその点を徹底する。

④ ペナルティを受けた者の氏名を全柔連のホームページなどに公表する。全柔連は愛知県柔道連盟の会長についてはすでに実行しており、これをすべてに適用する。

⑤ ヨーロッパ諸国の倫理・懲戒規程を研究し、日本柔道界の倫理確立に力を注ぐ。指導者資格剥奪も加害の程度に応じておこなう。

⑥ 暴力・体罰で指導者資格を剥奪された者の資格再取得の制度を作る。ただし、再取得は慎重、厳密におこなう。暴力を受けた側のトラウマ、PTSDなどを十分考慮し、合理的な検討をおこなって制度化する。

以上だが、柔道界の指導者は、自分の道場で教える者、学校の教員、地域のスポーツ少年団やクラブの指導者、警察の道場、企業が地域への社会還元として経営している道場に所属している者など形態はさまざまである。それぞれ一家言持ち、日本サッカー協会のようにJリーグをトップに置いたピラミッド型の組織形態をとっているわけではない。だからこそ、相互にリスペクトしつつ、納得と了解を基本として暴力行為への厳正なペナルティを行使することが重要なのである。全柔連は処分を忖度したり、躊躇すべきではないと思う。

女性幹部の登用

日本柔道界の男性偏重、タテ構造を変革するもっとも近い道は、女性幹部を多く登用することである。すでに多くを述べてきたのでここではくり返さない。

私がいま、日本柔道界で理事や評議員として活動できる人材としてざっと思い浮かべただけでも山口香、溝口紀子（日本女子体育大教員）をはじめ以下の女性柔道家の名前があがる。

増地千代里（評議員）、松田基子（大阪体育大教員）、楢崎教子（福岡教育大教員）、佐藤愛子（東京女子体育大教員）、天野安喜子（インターナショナル審判員・全柔連審判委員会副委員長）、北田典子（日大教員）、田辺陽子（日大教員）、渡辺涼子（金沢学院大教員）、樽谷哲子（審判員）、谷本歩実（コマツ）、福見友子（ＪＲ東日本）。

国の指針であるガバナンスコードは、各組織の指導部の四〇％以上を女性にすることを目標にしているが、全柔連は現在、理事は約二五％、評議員は三二％で、どちらも少なすぎる。

この改善は喫緊である。

良質な指導者の育成

二〇一八年一一月に「GDS大阪」（全柔連主管）が大阪市中央体育館で三日間開かれた。そのときのプログラムに画期的なことが記されていた。

「柔道界におけるパワハラ（最近の実例）」と題する告発特集で、①身体への攻撃、②精神的な攻撃、③人間関係の切り崩し、④過大な要求、⑤過小な要求、⑥プライバシーの侵害、の六つをテーマに実例が紹介されていたのである。

①では、「顧問自らが乱取りの相手となり強く投げたり、絞め技を施して生徒が『参った』をしても離さず長時間乱取りを続けた」

「生徒が絞め技、関節技に弱いことを懸念した指導者が乱取り中何度も生徒を絞め技で失神させた」

「保護者から『厳しく指導してほしい』といわれたことを盾にとり試合に負けた生徒の頭を叩き、びんたした」

②では、「ある指導者は『日頃から世の中の風潮がどうなろうとうちの道場は必要な体

罰は行う』と公言している」

③では、「ある指導者は選手に対して『よく俺の前で練習ができるな。あんな身勝手な奴とは練習するな』と理不尽な発言を繰り返し選手を孤立させた」

④では、「ある指導者は試合で負けると人が変わったように不機嫌になり腕立て伏せ一千回、スクワット一千回、打ち込み一千回、乱取り二時間などの過激な練習をやらせる。保護者や生徒は不安だが怖くて言い出せない」

⑤では、「ある指導者は覚えの悪い生徒を見限り、『お前は乱取りしなくてもいい。邪魔だ』と相手にしなかった」

⑥では、「ある指導者は必ず親の職業を聞き出し、先日も生徒の親が焼肉屋をやっていると知り、コーチ仲間大勢と押しかけ大量に飲酒飲食したうえで日頃子供が世話になっている親の弱みに付け込んで暗に無償提供をほのめかした」

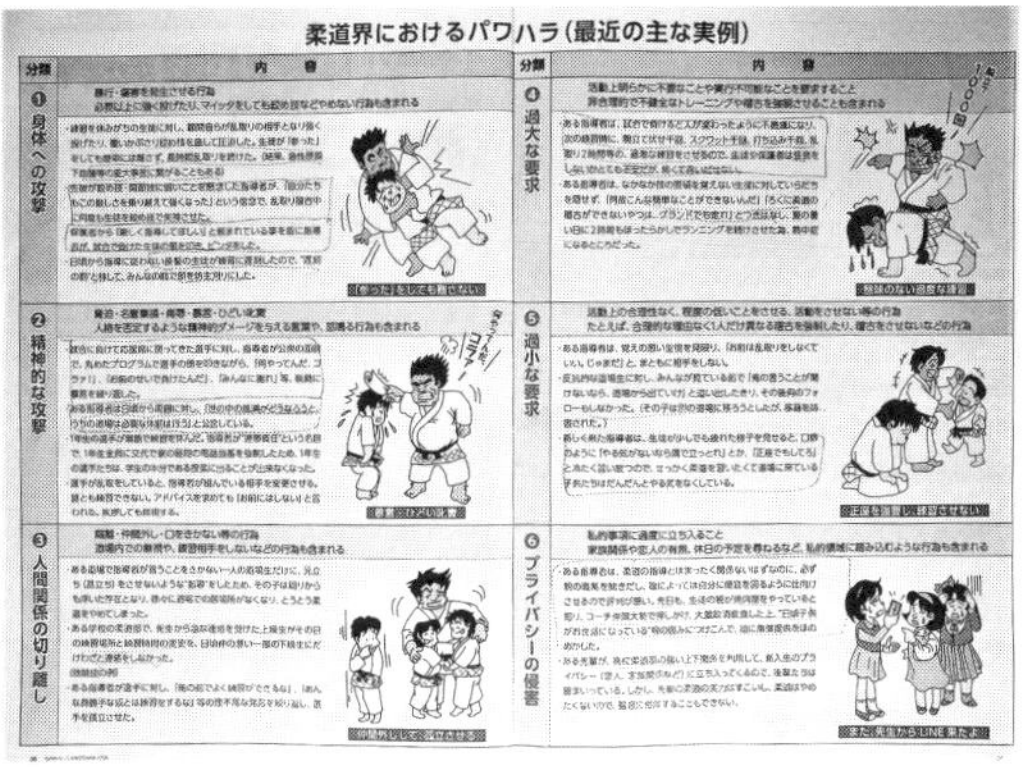

柔道界のパワハラや社会人失格を語っている大会プログラム。出所：「ＧＤＳ大阪 2018」プログラム

こうした事例が、一八話載っている。すべて全柔連自身が発表している事例で創作ではない。読んでいると腹立たしくなる。そして、やっぱり日本柔道界はダメだ。品性もなければ社会人としての常識もない。大改革が必要だと改めて考えさせられる。特徴的な例だと思うが、柔道界の一般的な傾向を表しているともいえる。だから、全柔連も発表したのだろう。

二〇一三年四月一五日におこなわれた「第一回暴力の根絶プロジェクト会議」（山下泰裕リーダー）では、出席者が「指導者が自分より力の弱い者を捕まえて感情的に投げ続ける、絞め落とす等の行為を行っている。その結果、けがを負わせているケースがある。懲らしめると称して稽古をつけるという現状がある。いまの柔道界ではそういう指導者の考えを変えていかなければいけない。先輩から後輩への暴力もあるが、その根源はすべて指導者が問題なのではないか」と発言している。その通りだ。

私は指導者育成、資格取得について、もっと厳格にするよう提案したい。

全柔連の指導者資格はA、B、C、準指導者の四段階がある。A指導員は全柔連の中央指導者資格審査委員会が認定するが、B指導員以下は各都道府県が認定する。A、Bは三段以上でCは二段以上。準指導員は初段以上が必要となっている。講習の後に試験を受けて資格を得るのだが、受験者のほとんどが合格する。

フランスの指導者資格制度を研究したことがある濱田初幸（鹿屋体育大教授）は、二〇一三年の事件のとき、「フランスでは難しいブルベデタという国家試験に合格して初めて指導者になれる。試験は五段階に分かれていて、解剖学、生理学、法律学、柔道理論などの科目があり、七〇から八〇点とらないと合格しない」と語っていた。

日本の場合はどうか。『第一回暴力の根絶プロジェクト会議議事録』によると、出席者の「他のスポーツでは指導者資格をとることは非常に難しいとされているが、柔道はそのイメージがない」という発言が記されている。

フランスナショナルチームのコーチだった溝口紀子（前全柔連評議員）は、「地域スポーツクラブ・スポーツ少年団・道場での基礎的実技指導を行う指導者資格にあたる、全柔連の公認柔道指導者資格を取得するための研修時間は共通科目三五時間・専門科目四〇時間の総計七五時間となっています。一方、フランスでは、全柔連の公認指導者資格と同等のレベルで、研修時間を二五〇時間以上、救急救命資格が必要とされます」（『日本の柔道──フランスのＪＵＤＯ』高文研）と述べている。

こうした違いの根底に、柔道についての考え方の違いがあるように思う。柔道をスポーツ競技として魅力あるものにするために、徹底して危険を排除し、競技者間、競技者と指導者間など人間同士の信頼ある関係をきずいていこうとする柔道と、師から弟子へ技と気組みを伝授し、未熟未達を稽古によって克服するべく克己を求め、その上で人間関係をきずこうとする柔道との違い、とでもいえようか。どちらにもいい点があるが、後者は多分に精神に重きを置いているためにまがいものが出やすいということがあるだろう。そこに、暴力の働く余地も生じる。それをもって精神を注入する、などと考える者が出てくる。

それを日本の柔道界から排除する、そういう指導者を育成するのはなまなかなことではない。そのことをよく認識して、本気で取り組むことである。指導者資格を付与するときの教授・習得する分野（身体構造から精神、ケガの応急措置から救命まで、など）をもっと広げ、さらに、暴力、ハラスメント、ジェンダー平等、ＳＤＧＳなどについての理解を促す内容も重視しなくてはいけない。

その点では、前述もしたが、いま現在、大学、高校などの現役指導者や全国の道場経営者の再教育も大事だ。問題を起こしているのは、すでに全柔連に指導者登録をしている者がほとんどだということを踏まえなくてはならない。

日本の場合、欧米と違うのは一国一城の主（道場主）が多く、自己流で指導しているケースが多いことだ。全柔連が旗を掲げてもそれになびくということはない。全柔連から収入の道をもらっているわけでもないので、全柔連の指導が町道場の隅々にまで行き届くのは難しいと考えなくてはいけない。それでも、いくら時間がかかっても、暴力や体罰はダメということ、柔道に暴力は要らないということを全柔連はいい続けなければならない。とくに体育大などで将来体育の教員になろうとしている柔道専攻の学生に対しての教育が大事だ。大学と全柔連の共同作業で、学生に指導とは何か、暴力はなぜいけないかなどの教えを徹底させて社会に送り出すべきだろう。

山下泰裕を多くの人が「最後の切り札」という。私は、日本柔道界のためにも彼をそのようにさせてはいけないと思う。「最後の……」にしてしまうと、次に切る札がないことになる。だが、日本柔道をそれで終わりにしてしまうわけにはいかないのである。現役時代の栄光、人柄、識見……がそのまま組織運営に反映されるとはかぎらない現実がある。静かな海をゆったりと航行するにはふさわしくとも、嵐のまっただ中を突き進むにはまた別な能力が求められる、と私は思う。

山下の柔道を思う情熱は疑うべくもない。だが、競技人口が一〇万人台になった日本柔道界の全き危機のとき、これを敢然と突破する、革命的といおうか野蛮といおうか、なにものをも説得する理性と情熱を備えているとは、残念ながら思えないのである。

おわりに

長い柔道記者としての第一線の活動は二〇二〇年の東京オリンピック取材で終わろうと考えていた。

ところが、新型コロナでオリンピック・パラリンピックは延期。二〇年はほとんどの競技会は中止になった。このままだと中途半端な記者人生の終焉だなあといささか憂鬱だった。毎日、やることがないので荒川の河川敷に住む狸（四匹いる）に餌を運ぶのが日課になった。雨の日も風の日も嵐の時だって、何か駆り立てられるような気持ちだった。

そんな日々をおくるうちに、時間はあるし、自分が歩いてきた柔道界のあれこれをピックアップして問題提起したらどうかという気持ちが少しづつ湧いてきた。

柔道界は今、山下泰裕会長に大きな変革の期待を寄せているが、どうも、私が彼の若いときに感じた清新の気は今は感じたくても感じ取れなくなっている。

昨今は隠ぺい体質とか非公開主義の側面が目立って新聞でスクープされたり、森喜朗前オリンピック・パラリンピック組織委員会会長の女性蔑視発言にもＪＯＣ会長として毅然たる態度が取れなかったり、国民的ヒーローのイメージはどんどん崩れている。

柔道界が解決しなくてはならない喫緊の課題である暴力根絶や、登録人口の増、男社会の是正などなども山下会長になってから改善されたとは言えない。

私はそんな状況を指摘し問題点を提起して、多くの柔道人や柔道ファン、メディア、スポーツに関心を持っている一般の人たちにも柔道界を知ってもらいたいと思った。

そう決心してから毎日資料を調べ、山ほどある取材ノートをひっくり返して原稿を書き上げた。柔道界を批判的に見つめ、問題点を挙げ解決のための提言も考えた。それが本書に集約されていると思う。

本の原稿は二〇年の夏にはほぼ書き上げていた。いくつかの出版社に打診したが、色よい返事はもらえなかった。そんな時、長年の友である梁取洋夫氏(フリージャーナリスト・政治原発問題)が「本の泉社」を紹介してくれた。何回か駄目だしの後、新舩海三郎編集長から「本にしましょう」と告げられた。

これで何とか長い記者生活を締めくくりができると思ってうれしかった。

本書の写真なども多くの柔道関係者、フォトグラファーに提供してもらった。感謝している。

柔道は体と心を鍛える素晴らしいスポーツだと思う。だが、今は年々競技人口も登録人口も減っている。その要因に暴力や男尊女卑などが存在していることがあるのは疑いの余地はない。本書はそうした諸問題を指摘しているが、その批判が少しでも発展方向に役立ってくれれば望外の喜びになるのだが。

●著者紹介
木村　秀和（きむら　ひでかず）

1942年生まれ。父が２・２６事件出撃の下士官で国外追放されたため、中国内モンゴル自治区フフホト市で生まれる。1945年、母、兄と命からがら日本に引き揚げる。小・中学時代は柔道少年。早大卒。

1991年から2019年まで主に月刊誌『近代柔道』を主舞台にして柔道界を取材。特に、暴力問題、男女差別問題などを追及した。

Mail：taitowings@yahoo.co.jp　／　taitowings1942@gmail.com

「切り札」山下泰裕は日本柔道界を変革できるか

2021年12月10日初版第１刷発行

著　者　木村《きむら》　秀和《ひでかず》

発行者　新船海三郎
発行所　株式会社 本の泉社
〒112-0005 東京都文京区水道 2-10-9　板倉ビル２階
電話：03-5810-1581　Fax：03-5810-1582
mail@honnoizumi.co.jp ／ http://www.honnoizumi.co.jp

ＤＴＰ　田近　裕之
印　刷　新日本印刷 株式会社
製　本　株式会社 村上製本所

ISBN978-4-7807-1830-0　C0036